I0781830

10 ESEMPI
DI UDA PER LA
LEZIONE SIMULATA

A18
FILOSOFIA E SCIENZE UMANE

PER CLASSE DI CONCORSO

FORMAZIONEPERMANENTE

10 esempi di UDA per la Lezione Simulata.
A18 Filosofia e Scienze Umane. Per classe di concorso.
Prima edizione 2024

ISBN 9798327014671

INDICE

Introduzione

I 10 esempi che troverete in questo libro sono pensati per aiutarvi a strutturare al meglio la presentazione prevista per la prova orale del concorso scuola. Si tratta della cosiddetta Lezione Simulata, che consiste di fatto nella presentazione di un'Unità Didattica di Apprendimento.

Nei diversi esempi, strutturati sulla base di 10 ipotetiche differenti tracce (che estrarrete 24 ore prima della prova), avete a disposizione i contenuti sintetizzati delle singole slide che dovrete poi impaginare graficamente con programmi come Power Point e simili.

Gli esempi sono pensati per essere adattati alle esigenze delle specifiche tracce e per fornire una struttura di base sulla quale lavorare con modifiche e integrazioni.

Alla fine del volume sono presenti le Indicazioni nazionali per il curricolo della scuola secondaria di secondo grado, relative alla classe di concorso A18, e i principali Riferimenti normativi.

Parte I

FILOSOFIA

1. L'Epicureismo

Slide 1: Introduzione

- Titolo: "L'Epicureismo: Alla Ricerca della Felicità".

- Info concorso: Nome del candidato/a; Classe di concorso; Data concorso.

Slide 2: Schema di Progettazione

- Contesto territoriale e della classe.

- Riferimenti normativi.

- Collocazione nella struttura curricolare.

- Competenze chiave europee.

- Nuclei fondanti, obiettivi e competenze.

- Struttura e svolgimento dell'U.D.A.

- Verifica e valutazione.

Slide 3: Contesto

- Territorio: Centro Italia, area con forte tradizione culturale.

- Situazione socioeconomica: Diversificata.

- Istituto: Liceo delle Scienze Umane.

- Classe: 3C.

20 studenti; 13 maschi, 7 femmine; È presente una studentessa con Disturbi Specifici dell'Apprendimento (DSA - Legge 170/2010) e uno studente con disturbo dello spettro autistico ad alto funzionamento che segue una programmazione per obbiettivi minimi ed è assistito per 18 ore settimanali da un insegnante di sostegno (L. 104/02, c. 3).

Slide 4: Riferimenti Normativi

- Indicazioni nazionali per il curricolo per la scuola secondaria di secondo grado.

- Normativa nazionale in materia di DSA, Legge 170 e BES.

Slide 5: Collocazione nella Struttura Curricolare

- Periodo di svolgimento: Primo quadrimestre.

- Argomento precedente: I Presocratici.

- Argomento successivo: Lo Stoicismo.

- Tempo stimato: 5 ore.

Slide 6: Competenze Chiave e di Cittadinanza

- Sviluppo del pensiero critico e analitico.

- Capacità di connettere teorie filosofiche con questioni etiche e sociali contemporanee.

- Promozione dell'autocoscienza e del benessere personale attraverso la riflessione filosofica.

Slide 7: Nuclei Fondanti della Disciplina

- Principi fondamentali dell'Epicureismo: atarassia, piacere, amicizia.

- Epicuro e la sua scuola: il Giardino.

- Implicazioni etiche e sociali dell'Epicureismo.

Slide 8: Obiettivi Minimi - Competenze Minime

- Comprendere i concetti chiave dell'Epicureismo.

- Analizzare e confrontare l'Epicureismo con altre scuole filosofiche.

- Riflettere sull'applicabilità dei principi epicurei nella vita moderna.

Slide 9: Struttura U.D.A.

- Tempi: 5 ore.

- Obiettivi specifici:

  - Esplorare testi fondamentali epicurei e analisi critica.

  - Dibattiti in classe su temi come il desiderio, la paura della morte, e l'amicizia.

– Progetti di gruppo per esplorare l'influenza dell'Epicureismo nel tempo.

Slide 10: Interdisciplinarità

- **Psicologia:** Esame delle implicazioni psicologiche del concetto di piacere e atarassia.

- **Letteratura:** Lettura di opere letterarie influenzate dall'Epicureismo.

Slide 11: Trasversalità

- **Educazione Civica:** Discussione sul ruolo dell'etica personale e sociale nell'Epicureismo.

- **Scienze:** Considerazioni su come le scoperte scientifiche supportano o confutano le visioni epicuree dell'universo.

Slide 12: Metodologie

- Metodo socratico per dibattiti e discussioni.

- Analisi testuale di scritti di Epicuro e suoi contemporanei.

- Utilizzo di case study per esplorare l'applicazione dei principi epicurei.

Slide 13: Strumenti e TIC

- LIM per presentazioni multimediali e visualizzazione di testi e concetti chiave.

- Piattaforme digitali per la condivisione di risorse e lavori di gruppo.

- Accesso a risorse online per la ricerca e l'approfondimento.

Slide 14: Svolgimento dell'Attività
1ª Lezione (1 ora)

Attività/Metodologia

- **Introduzione all'Epicureismo**: Breve presentazione sui principi chiave dell'Epicureismo con focus sull'atarassia e sul piacere come assenza di dolore.

- **Lettura Guidata**: Gli studenti leggono estratti delle lettere di Epicuro agli amici, evidenziando le parti chiave che trattano i concetti fondamentali.

Strumenti

- PowerPoint per presentare i concetti chiave.

- Copie delle lettere di Epicuro, sia cartacee che digitali, fornite agli studenti.

Slide 15: Attività Assegnata per la Flipped Classroom

Assegnazione

- Gli studenti dovranno preparare una riflessione scritta su come l'Epicureismo potrebbe essere applicato per affrontare ansie moderne, come la paura della morte o la ricerca incessante del piacere materiale.

- Preparare domande per una discussione in classe sulla rilevanza dell'Epicureismo oggi.

Strumenti

- Piattaforma di classe come Google Classroom per inviare riflessioni e raccogliere domande.

Slide 16: Svolgimento dell'Attività 2ª Lezione (1 ora)

Attività/Metodologia

- **Discussione di Gruppo**: Condivisione delle riflessioni preparate a casa e discussione guidata sulle applicazioni contemporanee dell'Epicureismo.

- **Analisi Comparativa**: Confronto tra l'Epicureismo e altre filosofie contemporanee o successive come lo stoicismo.

Strumenti

- LIM per facilitare la visualizzazione delle riflessioni degli studenti e supportare la discussione.

- Schede comparative preparate dall'insegnante.

Slide 17: Svolgimento dell'Attività 3ª Lezione (1 ora)

Attività/Metodologia

- **Workshop di Scrittura Filosofica**: Gli studenti scrivono un breve saggio sul tema "L'Epicureismo nel XXI secolo".

- **Peer Review**: Revisione reciproca dei saggi per fornire feedback costruttivi.

Strumenti

- Materiali di scrittura forniti digitalmente.

- Criteri di peer review forniti per guidare la valutazione tra pari.

Slide 18: Svolgimento dell'Attività
4ª Lezione (1 ora)

Attività/Metodologia

- **Role-play**: Simulazione di un dialogo tra Epicuro e un filosofo moderno per esplorare le differenze e le somiglianze nelle loro filosofie.

- **Riflessione**: Discussione su cosa possono imparare gli studenti da questo confronto.

Strumenti

- Script per il role-play.

- Videocamera o registratore per documentare le simulazioni.

Slide 19: Verifica Sommativa

Metodologia

- **Test a Risposta Breve**: Domande sulla teoria epicurea e sui suoi confronti con altre filosofie.

- **Valutazione del Saggio**: I saggi scritti durante il workshop saranno valutati basandosi su chiarezza, profondità di analisi e correttezza argomentativa.

Strumenti

- Test cartaceo o digitale.
- Rubrica di valutazione per i saggi.

Slide 20: Valutazione e Autovalutazione

Metodologia

- **Revisione dei Risultati**: Valutazione complessiva dei test, dei saggi e delle attività svolte in classe.

- **Autovalutazione**: Gli studenti riflettono sul loro apprendimento, valutando il proprio interesse e comprensione dell'Epicureismo e pensando a come potrebbero applicare questi insegnamenti nella loro vita.

-

Strumenti

- Griglie di valutazione dettagliate per tutte le attività.

- Moduli di autovalutazione online o cartacei.

Slide 21: Verifica Sommativa

Metodologia

- **Test Scritto**: Gli studenti completano un test che include domande a risposta breve su concetti chiave dell'Epicureismo, analisi di testi e applicazioni moderne delle idee epicuree.

- **Progetto Finale**: Gli studenti presentano un progetto, come un saggio o una presentazione multimediale, che esplora l'impatto dell'Epicureismo su un aspetto della società moderna, come la salute mentale, il consumismo o la sostenibilità.

Strumenti

- Questionari stampati o piattaforme online per il test.

- Criteri di valutazione per il progetto, che includono chiarezza, creatività, precisione storica e filosofica, e profondità di analisi.

Slide 22: Valutazione

Metodologia

- **Valutazione dei Test**: Gli insegnanti valutano i test scritti usando una rubrica che misura la comprensione delle teorie, la capacità di applicazione e l'accuratezza dell'analisi.

- **Valutazione dei Progetti Finali**: I progetti vengono valutati sulla base di criteri predefiniti che valorizzano la comprensione approfondita, l'originalità dell'approccio e l'efficacia della comunicazione.

Strumenti

- Rubriche di valutazione specifiche per test e progetti.

- Feedback scritto dettagliato per guidare miglioramenti futuri.

Slide 23: Autovalutazione e Metacognizione

Metodologia

- **Autovalutazione degli Studenti**: Al termine dell'unità, gli studenti riflettono sulle loro prestazioni, sulle conoscenze acquisite e sulle competenze sviluppate. Valutano anche l'interesse suscitato dagli argomenti trattati e la loro rilevanza per la vita personale.

- **Discussione Riflessiva in Classe**: Si tiene una sessione di discussione in cui gli studenti condividono le loro riflessioni sull'apprendimento e suggeriscono miglioramenti per future unità didattiche su temi filosofici.

Strumenti

- Moduli di autovalutazione predisposti, disponibili sia in formato cartaceo che digitale.

- Guida per l'insegnante per facilitare discussioni riflessive e costruttive, garantendo che ogni studente sia coinvolto e valorizzato.

2. L'Esistenzialismo

Slide 1: Introduzione

- Titolo: "Esplorare l'Esistenzialismo: Jaspers e Sartre".

- Info concorso: Nome del candidato/a; Classe di concorso; Data concorso.

Slide 2: Schema di Progettazione

- Contesto territoriale e della classe.

- Riferimenti normativi.

- Collocazione nella struttura curricolare.

- Competenze chiave europee.

- Nuclei fondanti, obiettivi e competenze.

- Struttura e svolgimento dell'U.D.A.

- Verifica e valutazione.

Slide 3: Contesto

- Territorio: Centro urbano con elevata diversità culturale.

- Situazione socioeconomica: Medio-alta.

- Istituto: Liceo delle Scienze Umane.

- Classe: 5B.

18 studenti; 6 maschi, 12 femmine; Nella classe sono presenti 2 alunni con Bisogni Educativi Speciali: 1 alunno con Dislessia certificata (DSA - Legge 170/2010) con PDP e 1 alunno con Disortografia certificata (DSA - Legge 170/2010).

Slide 4: Riferimenti Normativi

- Indicazioni nazionali per il curricolo per la scuola secondaria di secondo grado.

- Normativa nazionale in materia di DSA, Legge 170 e BES.

Slide 5: Collocazione nella Struttura Curricolare

- Periodo di svolgimento: Secondo quadrimestre.

- Argomento precedente: Il nichilismo.

- Argomento successivo: La fenomenologia.

- Tempo stimato: 6 ore.

Slide 6: Competenze Chiave e di Cittadinanza

- Sviluppo del pensiero critico e analitico.

- Capacità di riflettere su questioni esistenziali e morali.

- Promozione della comprensione e del rispetto delle diverse visioni del mondo.

Slide 7: Nuclei Fondanti della Disciplina

- Concetti chiave dell'esistenzialismo secondo Jaspers e Sartre.

- L'angoscia e la libertà come temi centrali dell'esistenzialismo.

- Confronto tra le teorie esistenzialiste e altre correnti filosofiche.

Slide 8: Obiettivi Minimi - Competenze Minime

- Comprendere e articolare i principi dell'esistenzialismo di Jaspers e Sartre.

- Analizzare come l'esistenzialismo affronta le questioni della libertà, della responsabilità e della autenticità.

- Riflettere sull'influenza dell'esistenzialismo sulla cultura contemporanea.

Slide 9: Struttura U.D.A.

- Tempi: 6 ore.

- Obiettivi specifici:

  – Discussione guidata su testi selezionati di Jaspers e Sartre.

  – Analisi comparativa delle loro visioni dell'esistenza.

  – Attività di gruppo per esplorare applicazioni contemporanee dell'esistenzialismo.

Slide 10: Interdisciplinarità

- **Psicologia:** Studio dell'impatto delle crisi esistenziali sull'individuo.

- **Letteratura:** Esplorazione di opere letterarie influenzate dall'esistenzialismo.

Slide 11: Trasversalità

- **Educazione Civica:** Discussione sull'importanza dell'etica personale e della responsabilità sociale nell'esistenzialismo.

- **Arte:** Analisi delle rappresentazioni artistiche dei temi esistenzialisti.

Slide 12: Metodologie

- Metodi interattivi come dibattiti, studi di caso e analisi di scenari ipotetici.

- Letture guidate e analisi testuale per comprendere profondamente i testi di Jaspers e Sartre.

- Uso di diari riflessivi per permettere agli studenti di esplorare e documentare la loro personale risposta ai temi trattati.

Slide 13: Strumenti e TIC

- LIM per la presentazione di materiali didattici e la conduzione di dibattiti.

- Accesso a biblioteche digitali per la ricerca di testi e articoli.

- Piattaforme digitali per la collaborazione e la discussione.

Slide 14: Svolgimento dell'Attività
1ª Lezione (1 ora)

Attività/Metodologia

- **Lettura Guidata e Discussione**: Gli studenti leggono estratti selezionati dalle opere di Jaspers e Sartre, focalizzandosi su come ognuno tratta il tema della libertà e dell'esistenza.

- **Confronto e Contrasto**: Attraverso una discussione guidata, gli studenti esplorano le differenze e le somiglianze negli approcci di Jaspers e Sartre all'esistenzialismo.

Strumenti

- Testi primari forniti in formato digitale o cartaceo.

- Lavagna Interattiva Multimediale (LIM) per mostrare i testi e facilitare la discussione.

Slide 15: Svolgimento dell'Attività
2ª Lezione (1 ora)

Attività/Metodologia

- **Dibattiti in Classe**: Suddivisi in gruppi, gli studenti preparano argomentazioni a favore delle diverse visioni dell'esistenzialismo, basandosi sui testi letti.

- **Presentazione dei Gruppi**: Ogni gruppo presenta la sua interpretazione e difende le proprie conclusioni di fronte alla classe.

Strumenti

- Materiali di supporto per la preparazione dei dibattiti, inclusi riassunti dei principali argomenti filosofici.

- Videocamera o strumenti digitali per registrare le presentazioni per una successiva analisi.

Slide 16: Svolgimento dell'Attività 3ª Lezione (1 ora)

Attività/Metodologia

- **Analisi Filosofica**: Esercizi di analisi testuale dettagliata per identificare come Jaspers e Sartre trattano temi come l'angoscia, la morte e il significato della vita.

- **Riflessione Personale**: Gli studenti scrivono brevi riflessioni personali su quale aspetto dell'esistenzialismo risuona di più con la loro esperienza personale.

Strumenti

- Guida alla lettura critica e all'analisi filosofica.

- Diari online o cartacei per le riflessioni personali.

Slide 17: Svolgimento dell'Attività
4ª Lezione (1 ora)

Attività/Metodologia

- **Progetti Creativi**: Gli studenti utilizzano i concetti di Jaspers e Sartre per creare progetti artistici o multimediali che esprimono visualmente o attraverso narrazione i temi esistenzialisti.

- **Esposizione dei Progetti**: Presentazione dei progetti alla classe e discussione su come ciascun progetto interpreta e trasmette idee filosofiche.

Strumenti

- Materiali artistici e software di editing multimediale.

- Piattaforma di classe per la condivisione e discussione dei progetti.

Slide 18: Svolgimento dell'Attività 5ª Lezione (1 ora)

Attività/Metodologia

- **Applicazioni Contemporanee**: Discussione su come le idee di Jaspers e Sartre possono essere applicate per comprendere questioni moderne come la solitudine, l'identità e la crisi esistenziale nella società contemporanea.

- **Studio di Caso**: Analisi di un caso reale o ipotetico che riflette problemi esistenziali attuali.

Strumenti

- Studi di caso preparati o articoli di attualità.

- Forum online per la discussione e analisi del caso.

Slide 19: Verifica Sommativa

Metodologia

- **Esame Scritto**: Domande a risposta aperta su concetti chiave, differenze filosofiche e applicazioni delle teorie di Jaspers e Sartre.

- **Valutazione dei Progetti Creativi**: Criteri basati su originalità, comprensione filosofica e impatto emotivo o intellettuale.

Strumenti

- Test cartaceo o digitale.

- Rubrica di valutazione per i progetti creativi.

Slide 20: Valutazione e Autovalutazione

Metodologia

- **Riscontro e Feedback**: Discussione dei risultati del test e dei progetti, con feedback specifico su aree di forza e miglioramento.

- **Autovalutazione**: Gli studenti completano un modulo di autovalutazione riflettendo sul loro apprendimento e sullo sviluppo personale attraverso il corso.

Strumenti

- Moduli di autovalutazione.

- Strumenti digitali per la raccolta e analisi dei feedback.

Slide 21: Verifica Sommativa - Test Scritto

Metodologia

- Gli studenti completano un test scritto che include:

– Domande a risposta breve per verificare la comprensione dei concetti principali dell'esistenzialismo.

– Domande di analisi su testi specifici di Jaspers e Sartre, richiedendo agli studenti di interpretare e criticare il materiale in modo approfondito.

– Una domanda a risposta aperta che richiede una riflessione personale su come le idee di Jaspers o Sartre possono essere applicate a questioni contemporanee specifiche.

Strumenti

- Test cartaceo o digitale, a seconda della disponibilità di risorse.

- Rubriche di valutazione che delineano chiaramente i criteri per la risposta a ciascun tipo di domanda.

Slide 22: Valutazione dei Progetti Creativi

Metodologia

- Gli studenti presentano i loro progetti creativi, che possono essere rappresentazioni artistiche, digitali, o compositive basate sui temi esplorati durante il corso.

- Ogni progetto è valutato secondo criteri specifici che includono creatività, accuratezza filosofica, e efficacia comunicativa.

- Dopo la presentazione, gli studenti ricevono feedback sia dai compagni che dall'insegnante.

Strumenti

- Strumenti multimediali per la presentazione dei progetti.

- Rubrica di valutazione per progetti creativi, condivisa con gli studenti all'inizio dell'unità.

Slide 23: Autovalutazione e Riflessione

Metodologia

- Gli studenti compilano un modulo di auto-valutazione che li invita a riflettere su ciò che hanno imparato, le sfide incontrate e come intendono utilizzare le conoscenze acquisite in futuro.

- Discussione in classe dove gli studenti condividono le loro riflessioni sull'intero corso, facilitando una conversazione su come i temi esplorati hanno influenzato la loro percezione di questioni personali e globali.

Strumenti

- Moduli di autovalutazione predisposti dall'insegnante, disponibili in formato cartaceo o digitale.

- Guida per la discussione, per aiutare l'insegnante a dirigere una conversazione riflessiva e inclusiva.

3. L'idealismo

Slide 1: Introduzione

- Titolo: "L'Idealismo".

- Info concorso: Nome del candidato/a; Classe di concorso; Data concorso.

Slide 2: Schema di Progettazione

- Contesto territoriale e della classe.

- Riferimenti normativi.

- Collocazione nella struttura curricolare.

- Competenze chiave europee.

- Nuclei fondanti, obiettivi e competenze.

- Struttura e svolgimento dell'U.D.A.

- Verifica e valutazione.

Slide 3: Contesto

- Territorio: Centro urbano con forte background culturale.

- Situazione socioeconomica: Diversificata.

- Istituto: Liceo delle Scienze Umane.

- Classe: 4D.

21 studenti; 10 maschi, 11 femmine; nella classe è presente 1 studentessa con Disgrafia e certificata e Disortografia certificata (DSA - Legge 170/2010) con PDP.

Slide 4: Riferimenti Normativi

- Indicazioni nazionali per il curricolo della scuola secondaria di secondo grado in Italia.

- Normativa nazionale in materia di DSA, Legge 170 e BES.

Slide 5: Collocazione nella Struttura Curricolare

- Periodo di svolgimento: secondo quadrimestre.

- Argomento precedente: Il Razionalismo.

- Argomento successivo: Il Materialismo.

- Tempo stimato: 6 ore.

Slide 6: Competenze Chiave e di Cittadinanza

- Sviluppo del pensiero critico e riflessivo.

- Capacità di analizzare e confrontare diverse correnti filosofiche.

- Approfondimento della comprensione di concetti astratti e della loro applicazione.

Slide 7: Nuclei Fondanti della Disciplina

- Definizione e caratteristiche principali dell'idealismo.

- Esponenti chiave come Kant, Hegel, e Schelling.

- Impatto dell'idealismo sulla filosofia moderna e contemporanea.

Slide 8: Obiettivi Minimi - Competenze Minime

- Comprendere i principi fondamentali dell'idealismo.

- Riconoscere le differenze tra le forme di idealismo (trascendentale, assoluto, ecc.).

- Valutare l'influenza dell'idealismo su altre discipline filosofiche e scientifiche.

Slide 9: Struttura U.D.A.

- Tempi: 6 ore.

- Obiettivi specifici:

    – Studio approfondito delle teorie di Kant e Hegel.

    – Analisi critica di testi selezionati.

    – Discussione e dibattito su temi contemporanei influenzati dall'idealismo.

Slide 10: Interdisciplinarità

- **Storia:** Impatto dell'idealismo sui movimenti storici e politici.

- **Letteratura:** Riflessi dell'idealismo nelle opere letterarie.

Slide 11: Trasversalità

- **Psicologia:** Incidenze dell'idealismo sulla concezione della psiche e del comportamento.

- **Arte:** Analisi dell'idealismo nelle arti visive e nella musica.

Slide 12: Metodologie

- Dibattiti strutturati su temi specifici per sviluppare capacità argomentative.

- Letture guidate e analisi testuale dei principali scritti idealisti.

- Utilizzo di mappe concettuali per visualizzare le connessioni tra i vari aspetti dell'idealismo.

Slide 13: Strumenti e TIC

- LIM per presentazioni multimediali e visualizzazione interattiva.

- Accesso a database online e biblioteche digitali per la ricerca di materiali.

- Piattaforme collaborative per discussioni e lavori di gruppo.

Slide 14: Svolgimento dell'Attività
1ª Lezione (1 ora)

Attività/Metodologia

- **Lezione Frontale Interattiva**: Introduzione dettagliata alla filosofia dell'Idealismo, con particolare attenzione alle idee di Kant.

- **Discussione Guidata**: Gli studenti discutono le implicazioni del dualismo noumenico e fenomenico in contesti quotidiani e scientifici.

Strumenti

- Presentazione PowerPoint con citazioni chiave e concetti fondamentali.

- LIM per mostrare schemi e facilitare l'interazione.

Slide 15: Svolgimento dell'Attività 2ª Lezione (1 ora)

Attività/Metodologia

- **Studio di Gruppo**: Analisi di testi di Hegel, focalizzandosi sulla dialettica del padrone e dello schiavo.

- **Presentazione dei Gruppi**: Ogni gruppo presenta la propria interpretazione e applicazione dei concetti hegeliani alla classe.

Strumenti

- Materiale testuale preselezionato e distribuito digitalmente.

- Schede guida per l'analisi critica.

Slide 16: Svolgimento dell'Attività 3ª Lezione (1 ora)

Attività/Metodologia

- **Analisi Comparativa**: Confronto tra le visioni di Kant e Hegel con altri filosofi idealisti come Fichte e Schelling.

- **Attività di Mappatura Concettuale**: Gli studenti creano mappe concettuali che collegano i diversi filosofi e le loro idee principali.

Strumenti

- Carta, penne e/o software di mappatura concettuale.

- Risorse digitali per la ricerca e l'integrazione delle informazioni.

Slide 17: Svolgimento dell'Attività 4ª Lezione (1 ora)

Attività/Metodologia

- **Workshop di Scrittura Filosofica**: Gli studenti scrivono brevi saggi riflettendo su come l'Idealismo può influenzare la comprensione della realtà moderna.

- **Peer Review**: Revisione reciproca dei saggi per feedback costruttivi.

Strumenti

- Linee guida per la scrittura filosofica.

- Moduli di peer review per strutturare il feedback.

Slide 18: Svolgimento dell'Attività
5ª Lezione (1 ora)

Attività/Metodologia

- **Debate**: Organizzazione di un dibattito sulla rilevanza dell'Idealismo nelle scienze moderne, come la fisica quantistica e la psicologia.

- **Riflessione**: Gli studenti riflettono sul dibattito e discutono come la loro percezione dell'Idealismo sia cambiata nel corso dell'unità.

Strumenti

- Materiali preparatori per il dibattito.

- Diari online o cartacei per le riflessioni.

Slide 19: Verifica Sommativa

Metodologia

- **Test di Conclusione**: Domande a risposta breve e saggio per valutare la comprensione degli studenti di tutta l'unità.

- **Valutazione dei Saggi e delle Mappe Concettuali**: Revisione dei lavori degli studenti per assicurare una comprensione profonda e accurata dell'Idealismo.

Strumenti

- Test cartaceo o digitale.

- Rubriche di valutazione per saggi e mappe concettuali.

Slide 20: Valutazione e Autovalutazione

Metodologia

- **Feedback Formale e Informale**: Gli studenti ricevono feedback dettagliato sui loro lavori e sulle loro performance nei dibattiti e nelle presentazioni.

- **Moduli di Autovalutazione**: Gli studenti valutano la propria comprensione dell'Idealismo e riflettono su come intendono applicare queste conoscenze in futuro.

Strumenti

- Moduli di feedback preparati dall'insegnante.

- Moduli di autovalutazione online o cartacei.

Slide 21: Verifica Sommativa - Presentazioni Finali

Metodologia

- Gli studenti presentano i loro progetti finali, che possono includere saggi, mappe concettuali, o presentazioni multimediali, basati sui temi dell'Idealismo.

- Ogni presentazione deve evidenziare la comprensione degli studenti delle teorie principali e delle loro applicazioni a questioni contemporanee.

Strumenti

- Software di presentazione come PowerPoint o Prezi per le presentazioni multimediali.

- Criteri di valutazione chiari per assicurare che ogni progetto sia giudicato equamente su basi di originalità, comprensione del contenuto e chiarezza nella comunicazione.

Slide 22: Valutazione

Metodologia

- Revisione dei test scritti e delle presentazioni finali utilizzando rubriche di valutazione dettagliate.

- Feedback individualizzato per ciascuno studente, focalizzato sui punti di forza e aree di miglioramento.

- Discussione di gruppo sui progetti, permettendo agli studenti di offrire e ricevere feedback costruttivo dai compagni.

Strumenti

- Rubriche di valutazione specifiche per saggi, test e presentazioni.

- Formulari di feedback che gli studenti possono utilizzare per valutare i lavori dei loro compagni.

Slide 23: Autovalutazione e Riflessione

Metodologia

- Gli studenti completano un modulo di autovalutazione, riflettendo su cosa hanno imparato, come si sentono riguardo alle conoscenze acquisite e come pensano di utilizzare queste conoscenze in futuro.

- Discussione di chiusura in cui gli studenti condividono le loro esperienze nell'apprendere l'Idealismo, discutendo le sfide incontrate e i momenti illuminanti.

Strumenti

- Moduli di autovalutazione, disponibili in formato digitale o cartaceo.

- Guida per l'insegnante per facilitare la discussione finale, assicurando che tutti gli studenti partecipino e condividano le loro riflessioni.

4. L'Ermeneutica

Slide 1: Introduzione

- Titolo: "L'Ermeneutica di Hans-Georg Gadamer: Comprendere il Testo e il Contesto".

- Info concorso: Nome del candidato/a; Classe di concorso; Data concorso.

Slide 2: Schema di Progettazione

- Contesto territoriale e della classe.

- Riferimenti normativi.

- Collocazione nella struttura curricolare.

- Competenze chiave europee.

- Nuclei fondanti, obiettivi e competenze.

- Struttura e svolgimento dell'U.D.A.

- Verifica e valutazione.

Slide 3: Contesto

- Territorio: Città con un forte interesse culturale e accademico.

- Situazione socioeconomica: Diversificata.

- Istituto: Liceo delle Scienze Umane.

- Classe: 5C.

18 studenti; 10 maschi, 8 femmine; Sono presenti 2 studenti DSA (Legge 170/2010); e 1 studente con un ritardo cognitivo assistito per 18 ore settimanali da un insegnante di sostegno (L. 104/02, c. 3)

Slide 4: Riferimenti Normativi

- Indicazioni nazionali per il curricolo per la scuola secondaria di secondo grado in Italia.

- Normativa nazionale in materia di DSA, Legge 170 e BES.

Slide 5: Collocazione nella Struttura Curricolare

- Periodo di svolgimento: secondo quadrimestre.

- Argoment.o precedente: La fenomenologia.

- Argomento successivo: Teoria critica.

- Tempo stimato: 4 ore.

Slide 6: Competenze Chiave e di Cittadinanza

- Sviluppo di abilità interpretative e di comprensione profonda dei testi.

- Capacità di applicare teorie ermeneutiche a diverse forme di media e testi.

- Stimolazione del pensiero critico e del dibattito.

Slide 7: Nuclei Fondanti della Disciplina

- Principi base dell'ermeneutica.

- La nozione di "orizzonte di aspettativa" di Gadamer.

- Dialogo tra testo e lettore nella creazione di significato.

Slide 8: Obiettivi Minimi - Competenze Minime

- Comprendere l'approccio ermeneutico al testo.

- Discutere e applicare i concetti di Gadamer in analisi testuale.

- Riflettere criticamente sull'interazione tra pregiudizi del lettore e il testo.

Slide 9: Struttura U.D.A.

- Tempi: 4 ore.

- Obiettivi specifici:

  – Esame approfondito del "Verità e Metodo" di Gadamer.

  – Case studies su applicazioni dell'ermeneutica in varie discipline.

  – Sviluppo di analisi ermeneutiche personali da parte degli studenti.

Slide 10: Interdisciplinarità

- **Letteratura:** Applicazione dell'ermeneutica all'analisi letteraria.

- **Storia:** Interpretazione ermeneutica di documenti storici.

- **Arte:** Analisi di opere d'arte attraverso l'ottica ermeneutica.

Slide 11: Trasversalità

- **Psicologia:** Comprendere come i pregiudizi influenzano la percezione e l'interpretazione.

- **Etica:** Esplorazione delle implicazioni morali dell'interpretazione e della comprensione.

Slide 12: Metodologie

- Seminari tematici dove gli studenti presentano analisi basate sulla lettura ermeneutica di testi scelti.

- Discussioni di gruppo per esplorare differenti interpretazioni e applicazioni dell'ermeneutica.

- Uso di diari riflessivi per tracciare l'evoluzione del pensiero individuale.

Slide 13: Strumenti e TIC

- LIM per supportare le presentazioni e le discussioni.

- Accesso a biblioteche digitali per ricerca di testi primari e secondari.

- Piattaforme di discussione online per facilitare il dialogo fuori dalla classe.

Slide 14: Svolgimento dell'Attività
1ª Lezione (1 ora)

Attività/Metodologia

- **Lettura e Discussione Guidata**: Gli studenti leggono un estratto selezionato da "Verità e Metodo" di Gadamer e discutono le idee principali in piccoli gruppi.

- **Presentazione dei Gruppi**: Ogni gruppo presenta le sue interpretazioni e osservazioni alla classe, promuovendo un dibattito aperto sulle diverse letture del testo.

Strumenti

- Copie dell'estratto del testo di Gadamer.

- LIM per supportare le presentazioni e facilitare la discussione.

Slide 15: Svolgimento dell'Attività 2ª Lezione (1 ora)

Attività/Metodologia

- **Workshop di Analisi Testuale**: Gli studenti applicano i metodi ermeneutici per analizzare un'opera letteraria o un documento storico, evidenziando come il loro background influenzi la loro interpretazione.

- **Confronto e Condivisione**: Confronto delle analisi per esplorare come diverse prospettive possono portare a interpretazioni uniche.

Strumenti

- Testi selezionati per l'analisi.

- Schede di lavoro per guidare l'analisi ermeneutica.

Slide 16: Svolgimento dell'Attività
3ª Lezione (1 ora)

Attività/Metodologia

- **Dibattiti Filosofici**: Organizzazione di dibattiti strutturati su questioni contemporanee, analizzando come l'ermeneutica può
  essere applicata per comprendere meglio
  questioni complesse.

- **Riflessione Guidata**: Gli studenti riflettono
  sul ruolo dei loro pregiudizi nella formazione delle loro opinioni e giudizi.

Strumenti

- Domande del dibattito basate su questioni attuali.

- Diari riflessivi online o cartacei.

Slide 17: Svolgimento dell'Attività 4ª Lezione (1 ora)

Attività/Metodologia

- **Progetto di Gruppo**: Gli studenti lavorano in gruppi per creare presentazioni che esplorino l'applicazione dell'ermeneutica in diversi campi come l'arte, la legge o la medicina.

- **Esposizione e Discussione**: Presentazione dei progetti alla classe, seguita da una sessione di domande e risposte.

Strumenti

- Materiali di ricerca online e accesso a risorse digitali.

- Software di presentazione come PowerPoint o Prezi.

Slide 18: Svolgimento dell'Attività 5ª Lezione (1 ora)

Attività/Metodologia

- **Analisi di Case Study**: Gli studenti analizzano case study che mostrano l'ermeneutica all'opera in situazioni reali, discutendo l'efficacia e le limitazioni dell'approccio ermeneutico.

- **Workshop di Scrittura Riflessiva**: Gli studenti scrivono brevi saggi riflettendo su come l'ermeneutica influenzi la loro interpretazione del mondo.

Strumenti

- Case study selezionati per la loro rilevanza e applicabilità ermeneutica.

- Linee guida per la scrittura riflessiva.

Slide 19: Verifica Sommativa

Metodologia

- **Esame Scritto**: Domande a risposta breve e saggio su teorie e applicazioni dell'ermeneutica.

- **Valutazione dei Progetti di Gruppo**: Criteri basati su comprensione, originalità e profondità di analisi.

Strumenti

- Test cartaceo o digitale.

- Rubriche di valutazione per progetti e saggi.

Slide 20: Valutazione e Autovalutazione

Metodologia

- **Feedback Formale e Informale**: Gli studenti ricevono feedback dettagliato sui loro lavori e prestazioni durante i dibattiti e le presentazioni.

- **Moduli di Autovalutazione**: Gli studenti valutano la propria comprensione dell'ermeneutica e riflettono su come intendono applicare queste conoscenze in futuro.

Strumenti

- Griglie di valutazione dettagliate per tutte le attività.

- Moduli di autovalutazione online o cartacei.

Slide 21: Verifica Sommativa - Presentazione dei Progetti Finali

Metodologia

- **Presentazioni dei Progetti**: Gli studenti presentano i loro progetti finali, che possono includere analisi di testi, esplorazioni delle applicazioni dell'ermeneutica in diversi campi, o creazioni artistiche che interpretano concetti ermeneutici.

- **Sessione di Domande e Risposte**: Dopo ogni presentazione, gli studenti rispondono a domande sia dai compagni che dall'insegnante, dimostrando una comprensione approfondita del loro argomento e la capacità di difendere le loro interpretazioni e conclusioni.

Strumenti

- Software di presentazione come PowerPoint o Prezi per le presentazioni multimediali.

- Criteri di valutazione chiari per assicurare che ogni progetto sia giudicato equamente su basi di originalità, comprensione del contenuto, e chiarezza nella comunicazione.

Slide 22: Valutazione

Metodologia

- **Revisione e Valutazione dei Testi e dei Progetti**: Gli insegnanti valutano i test scritti e le presentazioni finali utilizzando rubriche di valutazione dettagliate. Vengono considerati la correttezza interpretativa, la profondità analitica, e l'efficacia comunicativa.

- **Feedback Individualizzato**: Ogni studente riceve un feedback personalizzato sui loro lavori, focalizzato sui punti di forza e aree di miglioramento. Questo feedback mira a guidare gli studenti nel migliorare le loro abilità analitiche e interpretative.

Strumenti

- Rubriche di valutazione per test scritti e presentazioni.

- Modulo di feedback dettagliato per fornire commenti costruttivi.

Slide 23: Autovalutazione e Riflessione Finale

Metodologia

- **Moduli di Autovalutazione**: Al termine dell'unità, gli studenti compilano moduli di autovalutazione, riflettendo su ciò che hanno imparato, come hanno applicato il pensiero ermeneutico e come possono migliorare in futuro.

- **Discussione di Chiusura**: Si tiene una discussione finale in classe dove gli studenti condividono le loro esperienze apprendendo l'ermeneutica, discutendo le sfide incontrate e i momenti di intuizione.

Strumenti

- Moduli di autovalutazione predisposti, disponibili in formato digitale o cartaceo.

- Guida per l'insegnante per facilitare una discussione riflessiva e inclusiva, assicurando che ogni studente partecipi e condivida le proprie riflessioni.

Parte II

SCIENZE UMANE

5. Antropologia strutturale

Slide 1: Introduzione

- Titolo: "L'antropologia strutturale di Claude Lévi-Strauss: Decodificare la Cultura".

- Info concorso: Nome del candidato/a; Classe di concorso; Data concorso.

Slide 2: Schema di Progettazione

- Contesto territoriale e della classe.

- Riferimenti normativi.

- Collocazione nella struttura curricolare.

- Competenze chiave europee.

- Nuclei fondanti, obiettivi e competenze.

- Struttura e svolgimento dell'U.D.A.

- Verifica e valutazione.

Slide 3: Contesto

- Territorio: Ambiente urbano.

- Situazione socioeconomica: Media.

- Istituto: Liceo delle Scienze Umane.

- Classe: 3A.

19 studenti; 8 maschi, 11 femmine; Sono presenti due studenti con Disturbi Specifici dell'Apprendimento (DSA).

Slide 4: Riferimenti Normativi

- Indicazioni nazionali per il curricolo per la scuola secondaria di secondo grado in Italia.

- Normativa nazionale in materia di DSA, Legge 170 e BES.

Slide 5: Collocazione nella Struttura Curricolare

- Periodo di svolgimento: secondo quadrimestre.

- Argomento precedente: Introduzione all'antropologia culturale.

- Argomento successivo: Il post-strutturalismo e l'antropologia simbolica.

- Tempo stimato: 5 ore.

Slide 6: Competenze Chiave e di Cittadinanza

- Sviluppo della capacità di analisi e comprensione delle strutture culturali.

- Promozione della comprensione e del rispetto per la diversità culturale.

- Capacità di applicare il pensiero critico a fenomeni sociali complessi.

Slide 7: Nuclei Fondanti della Disciplina

- Principi fondamentali dell'antropologia strutturale.

- Metodologie di analisi strutturale in antropologia.

- Studi chiave di Lévi-Strauss, come "Le strutture elementari della parentela".

Slide 8: Obiettivi Minimi - Competenze Minime

- Comprendere e spiegare i concetti base dell'antropologia strutturale.

- Analizzare esempi di strutture culturali usando gli strumenti teorici di Lévi-Strauss.

- Riflettere sull'applicabilità della teoria strutturale a diverse questioni culturali e sociali.

Slide 9: Struttura U.D.A.

- Tempi: 5 ore.

- Obiettivi specifici:

  - Esame approfondito di testi e casi studio selezionati di Lévi-Strauss.

  - Dibattiti e discussioni su applicazioni contemporanee dell'antropologia strutturale.

  - Progetti di gruppo per analizzare manifestazioni culturali locali o globali attraverso l'ottica strutturale.

Slide 10: Interdisciplinarità

- **Sociologia:** Connessioni tra struttura sociale e cultura.

- **Lingua e letteratura:** Analisi strutturale di testi narrativi e miti.

- **Psicologia:** Incidenze delle strutture culturali sul comportamento individuale.

Slide 11: Trasversalità

- **Educazione civica:** Discussione su come la comprensione delle strutture culturali possa promuovere una società più equa e inclusiva.

- **Arte:** Esplorazione delle strutture nei modelli artistici e nella loro percezione culturale.

Slide 12: Metodologie

- Metodo comparativo per l'analisi di diverse strutture culturali.

- Letture guidate e discussioni in classe per una profonda comprensione dei testi di Lévi-Strauss.

- Uso di tecniche di mappatura concettuale per visualizzare le relazioni tra elementi culturali.

Slide 13: Strumenti e TIC

- LIM per la visualizzazione di materiali didattici e supporto alle discussioni.

- Accesso a risorse digitali per la ricerca di materiali e articoli.

- Piattaforme collaborative per la condivisione di idee e lavori di gruppo.

Slide 14: Svolgimento dell'Attività
1ª Lezione (1 ora)

Attività/Metodologia

- **Lettura e Discussione Guidata**: Gli studenti leggono un estratto selezionato da "Le strutture elementari della parentela" e discutono le idee principali in piccoli gruppi.

- **Presentazione dei Gruppi**: Ogni gruppo presenta le sue interpretazioni e osservazioni alla classe, promuovendo un dibattito aperto sulle diverse letture del testo.

Strumenti

- Copie dell'estratto del testo di Lévi-Strauss.

- LIM per supportare le presentazioni e facilitare la discussione.

Slide 15: Svolgimento dell'Attività 2ª Lezione (1 ora)

Attività/Metodologia

- **Analisi di Miti**: Gli studenti applicano i metodi di analisi strutturale di Lévi-Strauss per esaminare miti selezionati, evidenziando come le strutture narrative riflettano le strutture sociali.

- **Confronto e Condivisione**: Confronto delle analisi per esplorare come diverse prospettive possono portare a interpretazioni uniche.

Strumenti

- Miti selezionati per l'analisi.

- Schede di lavoro per guidare l'analisi strutturale.

Slide 16: Svolgimento dell'Attività 3ª Lezione (1 ora)

Attività/Metodologia

- **Dibattiti Filosofici**: Organizzazione di dibattiti strutturati su questioni contemporanee, analizzando come l'antropologia strutturale può essere applicata per comprendere meglio questioni complesse.

- **Riflessione Guidata**: Gli studenti riflettono sul ruolo dei loro pregiudizi culturali nella formazione delle loro opinioni e giudizi.

Strumenti

- Domande del dibattito basate su questioni attuali.

- Diari riflessivi online o cartacei.

Slide 17: Svolgimento dell'Attività 4ª Lezione (1 ora)

Attività/Metodologia

- **Progetto di Gruppo**: Gli studenti lavorano in gruppi per creare presentazioni che esplorino l'applicazione dell'antropologia strutturale in diversi campi come l'arte, la legge o le scienze.

- **Esposizione e Discussione**: Presentazione dei progetti alla classe, seguita da una sessione di domande e risposte.

Strumenti

- Materiali di ricerca online e accesso a risorse digitali.

- Software di presentazione come PowerPoint o Prezi.

Slide 18: Svolgimento dell'Attività
5ª Lezione (1 ora)

Attività/Metodologia

- **Analisi di Case Study**: Gli studenti analizzano case study che mostrano l'antropologia strutturale all'opera in situazioni reali, discutendo l'efficacia e le limitazioni dell'approccio strutturale.

- **Workshop di Scrittura Riflessiva**: Gli studenti scrivono brevi saggi riflettendo su come l'antropologia strutturale influenzi la loro interpretazione del mondo.

Strumenti

- Case study selezionati per la loro rilevanza e applicabilità strutturale.

- Linee guida per la scrittura riflessiva.

Slide 19: Verifica Sommativa

Metodologia

- **Esame Scritto**: Domande a risposta breve e saggio su teorie e applicazioni dell'antropologia strutturale.

- **Valutazione dei Progetti di Gruppo**: Criteri basati su comprensione, originalità e profondità di analisi.

Strumenti

- Test cartaceo o digitale.

- Rubriche di valutazione per progetti e saggi.

Slide 20: Valutazione e Autovalutazione

Metodologia

- **Feedback Formale e Informale**: Gli studenti ricevono feedback dettagliato sui loro lavori e prestazioni durante i dibattiti e le presentazioni.

- **Moduli di Autovalutazione**: Gli studenti valutano la propria comprensione dell'antropologia strutturale e riflettono su come intendono applicare queste conoscenze in futuro.

Strumenti

- Griglie di valutazione dettagliate per tutte le attività.

- Moduli di autovalutazione online o cartacei.

Slide 21: Verifica Sommativa - Analisi di Testi

Metodologia

- **Esame Scritto**: Gli studenti completano un esame scritto che include analisi di testi specifici, domande a risposta breve e una sezione di saggio. Le domande si concentreranno sulla capacità degli studenti di applicare i metodi di Lévi-Strauss all'analisi di miti, testi narrativi e altre forme di espressione culturale.

- **Critica del Progetto di Gruppo**: Gli studenti presentano i risultati dei loro progetti di gruppo, dimostrando la comprensione e l'applicazione delle tecniche strutturali in contesti vari.

Strumenti

- Test scritto, cartaceo o digitale, a seconda della disponibilità di risorse.

- Rubriche di valutazione dettagliate per assicurare una valutazione equa delle presentazioni del progetto di gruppo.

Slide 22: Valutazione

Metodologia

- **Revisione dei Testi e dei Progetti**: Gli insegnanti valutano i test scritti e le presentazioni finali utilizzando rubriche di valutazione dettagliate. I criteri includono comprensione teorica, applicazione pratica, originalità e chiarezza espositiva.

- **Feedback Individualizzato**: Ogni studente riceve un feedback personalizzato sui loro lavori, focalizzato sui punti di forza e aree di miglioramento. Questo feedback è cruciale per guidare gli studenti nel migliorare le loro capacità analitiche e interpretative.

Strumenti

- Rubriche di valutazione specifiche per test scritti e presentazioni.

- Modulo di feedback dettagliato per fornire commenti costruttivi.

Slide 23: Autovalutazione e Riflessione Finale

Metodologia

- **Moduli di Autovalutazione**: Al termine dell'unità, gli studenti compilano moduli di autovalutazione, riflettendo su ciò che hanno imparato, come hanno applicato il pensiero ermeneutico e come possono migliorare in futuro.

- **Discussione di Chiusura**: Si tiene una discussione finale in classe dove gli studenti condividono le loro esperienze nell'apprendere l'antropologia strutturale, discutendo le sfide incontrate e i momenti di intuizione.

Strumenti

- Moduli di autovalutazione predisposti, disponibili in formato digitale o cartaceo.

- Guida per l'insegnante per facilitare una discussione riflessiva e inclusiva, assicurando che ogni studente partecipi e condivida le proprie riflessioni.

6. Antropologia interpretativa

Slide 1: Introduzione

- Titolo: "L'antropologia interpretativa: Un Viaggio attraverso i Simboli e le Narrazioni".

- Info concorso: Nome del candidato/a; Classe di concorso; Data concorso.

Slide 2: Schema di Progettazione

- Contesto territoriale e della classe.

- Riferimenti normativi.

- Collocazione nella struttura curricolare.

- Competenze chiave europee.

- Nuclei fondanti, obiettivi e competenze.

- Struttura e svolgimento dell'U.D.A.

- Verifica e valutazione.

Slide 3: Contesto

- Territorio: Centro culturale.

- Situazione socioeconomica: Media.

- Istituto: Liceo delle Scienze Umane.

- Classe: 3E.

20 studenti; 6 maschi, 14 femmine; È presente uno studente con Disturbo da Deficit d'Attenzione / Iperattività (ADHD) certificato assistito per 9 ore settimanali da un insegnante di sostegno (L. 104/02).

Slide 4: Riferimenti Normativi

- Indicazioni nazionali per il curricolo per la scuola secondaria di secondo grado.

- Normativa nazionale in materia di DSA, Legge 170 e BES.

Slide 5: Collocazione nella Struttura Curricolare

- Periodo di svolgimento: primo quadrimestre.

- Argomento precedente: L'etnografia classica.

- Argomento successivo: Studi post-coloniali e subalterni.

- Tempo stimato: 6 ore.

Slide 6: Competenze Chiave e di Cittadinanza

- Sviluppo di capacità interpretative avanzate nel contesto delle scienze umane.

- Capacità di analizzare e comprendere le culture attraverso i loro simboli e significati.

- Promozione della tolleranza e della comprensione delle diversità culturali.

Slide 7: Nuclei Fondanti della Disciplina

- Introduzione ai concetti di "dramma sociale" di Turner e "descrizione densa" di Geertz.

- Approcci metodologici all'analisi delle pratiche culturali e rituali.

- Importanza del simbolismo e della narrazione nelle società umane.

Slide 8: Obiettivi Minimi - Competenze Minime

- Comprendere i metodi di Turner e Geertz per interpretare le culture.

- Applicare concetti di antropologia interpretativa per analizzare casi di studio specifici.

- Criticare e valutare l'efficacia dell'interpretazione antropologica in contesti diversi.

Slide 9: Struttura U.D.A.

- Tempi: 6 ore.

- Obiettivi specifici:

  – Esplorazione di case study che illustrano l'applicazione dei metodi di Turner e Geertz.

  – Analisi di rituali, cerimonie e artefatti culturali attraverso l'ottica interpretativa.

  – Progetti di gruppo per la ricerca e presentazione di un'analisi culturale approfondita.

Slide 10: Interdisciplinarità

- **Letteratura:** Esplorazione delle narrazioni come portatrici di significato culturale.

- **Storia:** Analisi dei contesti storici attraverso simboli e rituali.

- **Psicologia:** Studio dell'effetto dei simboli sulla cognizione e sul comportamento umano.

Slide 11: Trasversalità

- **Diritto:** Discussione su come l'interpretazione culturale influenzi le questioni di etica e giustizia.

- **Arte:** Analisi delle espressioni artistiche come manifestazioni di strutture simboliche.

Slide 12: Metodologie

- Dibattiti e discussioni su temi culturali complessi per stimolare il pensiero critico.

- Analisi di testi e video per identificare simboli e significati nascosti.

- Utilizzo di tecniche di osservazione e descrizione per creare narrazioni culturali dense.

Slide 13: Strumenti e TIC

- LIM per presentazioni interattive e analisi di materiale visivo.

- Accesso a database e risorse digitali per la ricerca di materiali etnografici.

- Piattaforme di collaborazione online per la discussione e il lavoro di gruppo.

Slide 14: Svolgimento dell'Attività
1ª Lezione (1 ora)

Attività/Metodologia

- **Lettura e Discussione Guidata**: Gli studenti leggono e discutono passaggi selezionati da "La descrizione densa" di Geertz e da "Il processo rituale" di Turner.

- **Analisi di Caso**: Analisi di un rituale culturale specifico usando il concetto di "dramma sociale" di Turner.

Strumenti

- Estratti dai testi di Turner e Geertz.

- Video o presentazioni di riti culturali specifici.

Slide 15: Svolgimento dell'Attività 2ª Lezione (1 ora)

Attività/Metodologia

- **Workshop di Analisi Testuale**: Gli studenti applicano la metodologia della descrizione densa a un testo letterario o a un articolo giornalistico per rilevarne il contesto culturale implicito.

- **Confronto e Condivisione**: Discussione in classe delle diverse interpretazioni e della loro validità.

Strumenti

- Testi selezionati per l'analisi.

- Schede di lavoro per guidare l'analisi ermeneutica.

Slide 16: Svolgimento dell'Attività - 3ª Le-
zione (1 ora)

Attività/Metodologia

- **Dibattiti su Caso**: Organizzazione di dibattiti su un caso di studio antropologico contemporaneo, analizzando il ruolo dei simboli e dei rituali.

- **Riflessione Guidata**: Gli studenti riflettono
  sul ruolo dei loro pregiudizi e background
  nella formazione delle loro opinioni.

Strumenti

- Caso di studio selezionato per il dibattito.

- Diari riflessivi online o cartacei.

Slide 17: Svolgimento dell'Attività 4ª Lezione (1 ora)

Attività/Metodologia

- **Progetti Multimediali**: Gli studenti utilizzano software di editing per creare presentazioni multimediali che esplorano e interpretano un fenomeno culturale specifico attraverso l'antropologia interpretativa.

- **Presentazione e Feedback**: Presentazione dei progetti alla classe e sessione di feedback costruttivo.

Strumenti

- Software di presentazione come PowerPoint o software di editing video.

- Rubrica di valutazione per i progetti multimediali.

Slide 18: Svolgimento dell'Attività
5ª Lezione (1 ora)

Attività/Metodologia

- **Analisi di Arte e Media**: Gli studenti analizzano opere d'arte o segmenti di media applicando le tecniche di analisi interpretativa per scoprire i significati nascosti e le strutture simboliche.

- **Discussioni di Gruppo**: Condivisione e discussione delle analisi, esplorando diverse interpretazioni.

Strumenti

- Opere d'arte o clip di media selezionate.
- Guide per l'analisi critica.

Slide 19: Verifica Sommativa

Metodologia

- **Esame Scritto**: Domande a risposta breve e saggio su teorie e applicazioni dell'antropologia interpretativa di Turner e Geertz.

- **Valutazione dei Progetti Multimediali**: Revisione dei progetti basata su criteri di originalità, comprensione e profondità di analisi.

Strumenti

- Test cartaceo o digitale.
- Rubriche di valutazione per i progetti multimediali.

Slide 20: Valutazione e Autovalutazione

Metodologia

- **Feedback Formale e Informale**: Gli studenti ricevono feedback dettagliato sui loro lavori e prestazioni durante le presentazioni e i dibattiti.

- **Moduli di Autovalutazione**: Gli studenti valutano la propria comprensione dell'antropologia interpretativa e riflettono su come intendono applicare queste conoscenze in futuro.

Strumenti

- Griglie di valutazione dettagliate per tutte le attività.

- Moduli di autovalutazione online o cartacei.

Slide 21: Verifica Sommativa - Presentazione dei Progetti Finali

Metodologia

- **Presentazioni dei Progetti**: Gli studenti presentano i loro progetti finali, che possono includere analisi di rituali, artefatti culturali, o fenomeni mediatici attraverso l'antropologia interpretativa.

- **Sessione di Domande e Risposte**: Dopo ogni presentazione, gli studenti rispondono a domande sia dai compagni che dall'insegnante, dimostrando una comprensione approfondita del loro argomento e la capacità di difendere le loro interpretazioni e conclusioni.

Strumenti

- Software di presentazione come PowerPoint o Prezi per le presentazioni multimediali.

- Criteri di valutazione chiari per assicurare che ogni progetto sia giudicato equamente su basi di originalità, comprensione del contenuto, e chiarezza nella comunicazione.

Slide 22: Valutazione

Metodologia

- **Revisione dei Testi e dei Progetti**: Gli insegnanti valutano i test scritti e le presentazioni finali utilizzando rubriche di valutazione dettagliate. I criteri includono comprensione teorica, applicazione pratica, originalità e chiarezza espositiva.

- **Feedback Individualizzato**: Ogni studente riceve un feedback personalizzato sui loro lavori, focalizzato sui punti di forza e aree di miglioramento. Questo feedback è cruciale per guidare gli studenti nel migliorare le loro capacità analitiche e interpretative.

Strumenti

- Rubriche di valutazione specifiche per test scritti e presentazioni.

- Modulo di feedback dettagliato per fornire commenti costruttivi.

Slide 23: Autovalutazione e Riflessione Finale

Metodologia

- **Moduli di Autovalutazione**: Al termine dell'unità, gli studenti compilano moduli di autovalutazione, riflettendo su ciò che hanno imparato, come hanno applicato il pensiero ermeneutico e come possono migliorare in futuro.

- **Discussione di Chiusura**: Si tiene una discussione finale in classe dove gli studenti condividono le loro esperienze nell'apprendere l'antropologia interpretativa, discutendo le sfide incontrate e i momenti di intuizione.

Strumenti

- Moduli di autovalutazione predisposti, disponibili in formato digitale o cartaceo.

- Guida per l'insegnante per facilitare una discussione riflessiva e inclusiva, assicurando che ogni studente partecipi e condivida le proprie riflessioni.

Parte III

SOCIOLOGIA

7. Il Funzionalismo

Slide 1: Introduzione

- Titolo: "Il Funzionalismo: Approfondimento su Parsons e Merton".

- Info concorso: Nome del candidato/a; Classe di concorso; Data concorso.

Slide 2: Schema di Progettazione

- Contesto territoriale e della classe.

- Riferimenti normativi.

- Collocazione nella struttura curricolare.

- Competenze chiave europee.

- Nuclei fondanti, obiettivi e competenze.

- Struttura e svolgimento dell'U.D.A.

- Verifica e valutazione.

Slide 3: Contesto

- Territorio: Scuola situata in area urbana con studenti di diverse estrazioni culturali.

- Situazione socioeconomica: Media.

- Istituto: Liceo delle Scienze Umane.

- Classe: 3B.

22 studenti; 7 maschi, 15 femmine; È presente 1 studente con Disortografia certificata (DSA - Legge 170/2010) con PDP.

Slide 4: Riferimenti Normativi

- Indicazioni nazionali per il curricolo della scuola secondaria di secondo grado.

- Normativa nazionale in materia di DSA, Legge 170 e BES.

Slide 5: Collocazione nella Struttura Curricolare

- Periodo di svolgimento: secondo quadrimestre.

- Argomento precedente: Teorie sociologiche classiche (Marx, Weber, Durkheim).

- Argomento successivo: Teorie contemporanee e sociologia critica.

- Tempo stimato: 8 ore.

Slide 6: Competenze Chiave e di Cittadinanza

- Sviluppo della capacità di analizzare e comprendere teorie sociologiche complesse.

- Riflessione sull'impatto delle strutture sociali sul comportamento individuale.

- Promozione della consapevolezza delle dinamiche sociali e delle loro implicazioni teoriche.

Slide 7: Nuclei Fondanti della Disciplina

- Concetti chiave del funzionalismo: funzioni manifeste e latenti, AGIL schema, anomia.

- Analisi delle teorie di Parsons sul sistema sociale e di Merton sulle devianze.

- Discussione sulle critiche al funzionalismo e le alternative teoriche proposte.

Slide 8: Obiettivi Minimi - Competenze Minime

- Comprendere i principi fondamentali del funzionalismo secondo Parsons e Merton.

- Applicare i concetti funzionalisti per analizzare fenomeni sociali contemporanei.

- Criticare e valutare le teorie funzionaliste alla luce delle critiche ricevute e dei contesti attuali.

Slide 9: Struttura U.D.A.

- Tempi: 8 ore.

- Obiettivi specifici:

  – Lettura e interpretazione diretta di testi selezionati di Parsons e Merton.

  – Discussioni in classe su applicazioni e limiti del funzionalismo in vari contesti sociali.

  – Progetti di gruppo per esaminare il ruolo delle istituzioni sociali secondo il modello funzionalista.

Slide 10: Interdisciplinarità

- **Psicologia:** Esplorazione delle intersezioni tra funzionalismo sociologico e teorie psicologiche.

- **Economia:** Discussione sull'impatto delle strutture sociali sulle decisioni economiche.

- **Filosofia:** Analisi delle basi filosofiche del funzionalismo e dei suoi critici.

Slide 11: Trasversalità

- **Etica:** Riflessioni sull'etica nella ricerca sociologica e nell'applicazione delle teorie.

- **Educazione civica:** Discussione sul ruolo dell'educazione nella perpetuazione o nel cambiamento delle strutture sociali.

Slide 12: Metodologie

- Metodo seminaristico per dibattiti e discussioni, riflettendo il metodo socratico.

- Analisi testuale dettagliata per esaminare testi teorici.

- Progetti creativi che permettono agli studenti di esprimere la loro interpretazione delle dinamiche sociali.

Slide 13: Strumenti e TIC

- LIM e piattaforme online per presentazioni e dibattiti.

- Accesso a biblioteche digitali per la ricerca di testi sociologici e commentari.

- Software di collaborazione per facilitare i progetti di gruppo.

Slide 14: Svolgimento dell'Attività - 1ª Lezione (1 ora)

Attività/Metodologia

- **Lettura e Discussione**: Gli studenti analizzano estratti dalle opere di Parsons sulla struttura sociale e il suo schema AGIL.

- **Analisi Critica**: Discussione guidata sull'applicabilità dello schema AGIL nella società contemporanea.

Strumenti

- Testi selezionati di Talcott Parsons.

- Domande guida per facilitare l'analisi critica e la discussione.

Slide 15: Svolgimento dell'Attività 2ª Lezione (1 ora)

Attività/Metodologia

- **Studio di Caso**: Esame delle teorie di Merton sulle funzioni manifeste e latenti, utilizzando esempi concreti di istituzioni sociali.

- **Discussione di Gruppo**: Valutazione delle differenze tra le teorie di Merton e Parsons e il loro impatto sullo studio della devianza e della conformità sociale.

Strumenti

- Presentazioni multimediali con esempi di funzioni manifeste e latenti.

- Materiale di confronto tra i modelli teorici di Parsons e Merton.

Slide 16: Svolgimento dell'Attività 3ª Lezione (1 ora)

Attività/Metodologia

- **Role-playing**: Simulazione di una discussione accademica tra Parsons, Merton e altri sociologi critici, con gli studenti che assumono i ruoli per discutere i punti di forza e le debolezze del funzionalismo.

- **Debriefing**: Riflessione sulle diverse posizioni teoriche e sulla loro rilevanza attuale.

Strumenti

- Profili dei teorici per il role-playing.

- Guida per il debriefing per facilitare la discussione.

Slide 17: Svolgimento dell'Attività
4ª Lezione (1 ora)

Attività/Metodologia

- **Progetto di Ricerca**: Gli studenti formano gruppi per condurre ricerche su come il funzionalismo può essere applicato per analizzare problemi sociali moderni, come l'educazione o la politica sanitaria.

- **Presentazioni di Gruppo**: Gli studenti presentano i risultati della loro ricerca, dimostrando la versatilità del funzionalismo.

Strumenti

- Accesso a database di ricerca online.

- Software di presentazione come PowerPoint o Prezi.

Slide 18: Svolgimento dell'Attività 5ª Lezione (1 ora)

Attività/Metodologia

- **Analisi di Impatto**: Discussione guidata sull'impatto del funzionalismo sulle politiche pubbliche e sulla sociologia.

- **Brainstorming**: Ideazione di scenari futuri per il funzionalismo in risposta ai cambiamenti sociali e tecnologici.

Strumenti

- Articoli di giornale e rapporti di politica pubblica.

- Metodi di brainstorming creativo e strumenti di documentazione.

Slide 19: Verifica Sommativa

Metodologia

- **Test Scritto**: Domande a risposta breve e saggi che richiedono l'analisi e l'applicazione delle conoscenze acquisite sul funzionalismo di Parsons e Merton.

- **Valutazione dei Progetti di Ricerca**: I progetti vengono valutati sulla base dell'approfondimento della ricerca, dell'originalità delle presentazioni e della coerenza analitica.

Strumenti

- Test cartaceo o digitale.

- Rubriche di valutazione per i progetti di ricerca.

Slide 21: Verifica Sommativa - Presentazione dei Progetti di Ricerca

Metodologia

- **Presentazioni Finali dei Progetti di Ricerca**: Gli studenti presentano i risultati delle loro indagini su come il funzionalismo può essere applicato a problemi sociali moderni come l'educazione, la salute, o le politiche sociali. Queste presentazioni dimostrano la capacità degli studenti di collegare teoria e pratica, utilizzando il funzionalismo per analizzare e proporre soluzioni ai problemi contemporanei.

- **Sessione di Domande e Risposte**: Dopo ogni presentazione, gli studenti rispondono a domande dai compagni e dall'insegnante, discutendo le basi teoriche delle loro analisi e la fattibilità delle loro proposte.

Strumenti

- Software di presentazione come PowerPoint o Google Slides.

- Criteri di valutazione chiari per garantire che ogni progetto sia valutato equamente sulla base di comprensione teorica, applicazione pratica, e chiarezza comunicativa.

Slide 22: Valutazione

Metodologia

- **Revisione dei Progetti e degli Esami Scritti**: Gli insegnanti valutano i progetti di ricerca e gli esami scritti utilizzando rubriche di valutazione dettagliate. La valutazione considera la comprensione teorica, la profondità di analisi, l'applicazione pratica e la chiarezza espositiva.

- **Feedback Individualizzato**: Ogni studente riceve un feedback personalizzato sul proprio lavoro, che evidenzia i punti di forza e

le aree di miglioramento. Questo feedback
è fondamentale per aiutare gli studenti a
migliorare le loro capacità analitiche e di
sintesi.

Strumenti

- Rubriche di valutazione specifiche per test
  scritti e progetti di ricerca.

- Moduli di feedback dettagliati per fornire
  commenti costruttivi e personalizzati.

Slide 23: Autovalutazione e Riflessione Finale

Metodologia

- **Moduli di Autovalutazione**: Al termine
  dell'unità, gli studenti compilano moduli di
  autovalutazione, riflettendo su ciò che hanno imparato, come hanno applicato il pensiero critico e le tecniche di ricerca, e come
  possono migliorare in futuro.

- **Discussione di Chiusura**: Si tiene una discussione finale in classe dove gli studenti condividono le loro esperienze apprendendo e applicando le teorie del funzionalismo, discutendo le sfide incontrate e i momenti di intuizione.

Strumenti

- Moduli di autovalutazione predisposti, disponibili in formato digitale o cartaceo.

- Guida per l'insegnante per facilitare una discussione riflessiva e inclusiva, assicurando che ogni studente partecipi e condivida le proprie riflessioni.

Parte IV

PEDAGOGIA

8. Psicopedagogia: Ausubel, Gardner, Goleman

Slide 1: Introduzione

- Titolo: "Pionieri della Psicopedagogia: Ausubel, Gardner, Goleman".

- Info concorso: Nome del candidato/a; Classe di concorso; Data concorso.

Slide 2: Schema di Progettazione

- Contesto territoriale e della classe.

- Riferimenti normativi.

- Collocazione nella struttura curricolare.

- Competenze chiave europee.

- Nuclei fondanti, obiettivi e competenze.

- Struttura e svolgimento dell'U.D.A.

- Verifica e valutazione.

Slide 3: Contesto

- Territorio: Scuola situata in un centro urbano con accesso a risorse culturali e tecnologiche.

- Situazione socioeconomica: Media.

- Istituto: Liceo delle Scienze Umane .

- Classe: 1D.

21 studenti; 14 maschi, 7 femmine; Sono presenti 2 studenti DSA (Legge 170/2010); e 1 studente con un ritardo cognitivo assistito per 18 ore settimanali da un insegnante di sostegno (L. 104/02, c. 3).

Slide 4: Riferimenti Normativi

- Indicazioni nazionali per il curricolo per la scuola secondaria di secondo grado.

- Normativa nazionale in materia di DSA, Legge 170 e BES.

Slide 5: Collocazione nella Struttura Curricolare

- Periodo di svolgimento: secondo quadrimestre.

- Argomento precedente: Teorie dell'apprendimento classico.

- Argomento successivo: Metodologie didattiche innovative.

- Tempo stimato: 6 ore.

Slide 6: Competenze Chiave e di Cittadinanza

- Sviluppo di competenze analitiche e critiche nell'analisi delle teorie dell'apprendimento.

- Capacità di applicare teorie psicopedagogiche a contesti educativi reali.

- Promozione di una pedagogia inclusiva e basata sulla comprensione delle diversità intellettuali e emotive degli studenti.

Slide 7: Nuclei Fondanti della Disciplina

- Teoria dell'apprendimento significativo di David Ausubel.

- Teoria delle intelligenze multiple di Howard Gardner.

- Teoria dell'intelligenza emotiva di Daniel Goleman.

Slide 8: Obiettivi Minimi - Competenze Minime

- Comprendere i principi chiave di ciascuna delle teorie presentate.

- Analizzare l'efficacia di queste teorie nell'ambiente educativo contemporaneo.

- Riflettere su come queste teorie influenzano le pratiche didattiche attuali.

Slide 9: Struttura U.D.A.

- Tempi: 6 ore.

- Obiettivi specifici:

    – Esame approfondito delle pubblicazioni e studi di Ausubel, Gardner e Goleman.

    – Dibattiti e presentazioni su come integrare queste teorie nell'educazione moderna.

    – Progetti di gruppo per progettare unità didattiche basate su queste teorie.

Slide 10: Interdisciplinarità

- **Psicologia:** Esplorazione del fondamento psicologico di ciascuna teoria.

- **Sociologia:** Discussione sull'impatto sociale delle pratiche educative basate su queste teorie.

- **Tecnologia:** Utilizzo di strumenti tecnologici per facilitare l'apprendimento secondo questi modelli.

Slide 11: Trasversalità

- **Etica:** Considerazioni etiche nell'applicazione delle teorie psicopedagogiche.

- **Comunicazione:** Sviluppo di competenze comunicative efficaci basate sulla comprensione delle intelligenze multiple e dell'intelligenza emotiva.

Slide 12: Metodologie

- Studi di caso per applicare le teorie a situazioni concrete.

- Simulazioni e giochi di ruolo per esplorare la dinamica di classe sotto diverse teorie di intelligenza.

- Uso di tecnologie didattiche per sperimentare con metodi di insegnamento innovativi.

Slide 13: Strumenti e TIC

- LIM e piattaforme di apprendimento online per facilitare l'interazione e la presentazione.

- Software di mappatura concettuale per visualizzare le connessioni tra le teorie.

- Risorse digitali per l'accesso a ricerche e articoli pertinenti.

Slide 14: Svolgimento dell'Attività
1ª Lezione (1 ora)

Attività/Metodologia

- **Lettura e Discussione Guidata**: Gli studenti leggono selezioni dalle opere principali di Ausubel su apprendimento significativo. Discussione in classe su come queste idee possono essere applicate nelle attuali pratiche educative.

- **Analisi di Caso**: Esercitazioni su casi studio che mostrano l'applicazione dell'apprendimento significativo in classi diverse.

Strumenti

- Estratti dai testi di David Ausubel.

- Case study preparati per analisi.

Slide 15: Svolgimento dell'Attività 2ª Lezione (1 ora)

Attività/Metodologia

- **Workshop di Progettazione**: Gli studenti lavorano in gruppi per creare piani di lezione che integrano la teoria delle intelligenze multiple di Gardner. Ogni gruppo sceglie un soggetto differente per applicare la teoria.

- **Presentazione e Critica**: Presentazione dei piani di lezione al resto della classe per feedback e discussione.

Strumenti

- Linee guida per la creazione di piani di lezione.

- Rubriche di valutazione per presentazioni peer-to-peer.

Slide 16: Svolgimento dell'Attività 3ª Lezione (1 ora)

Attività/Metodologia

- **Simulazione**: Role-playing basato su scenari dove gli studenti devono utilizzare l'intelligenza emotiva per navigare situazioni complesse, basate sulle teorie di Goleman.

- **Debriefing e Discussione**: Analisi delle strategie emotive impiegate e loro efficacia.

Strumenti

- Scenari di simulazione.

- Guida alla discussione per debriefing.

Slide 17: Svolgimento dell'Attività 4ª Lezione (1 ora)

Attività/Metodologia

- **Dibattiti**: Organizzazione di dibattiti su affermazioni controverse riguardanti l'applicabilità delle teorie psicopedagogiche in contesti educativi reali. Esempi di temi includono l'efficacia delle intelligenze multiple in classi eterogenee o il ruolo dell'intelligenza emotiva nella leadership.

- **Riflessione Guidata**: Gli studenti riflettono sul loro apprendimento e sulle opinioni cambiate a seguito dei dibattiti.

Strumenti

- Domande del dibattito preparate in anticipo.

- Diari riflessivi.

Slide 18: Svolgimento dell'Attività 5ª Lezione (1 ora)

Attività/Metodologia

- **Progetti di Ricerca**: Gli studenti scelgono un'area di interesse che lega una delle teorie studiate a un contesto educativo specifico. Conducono una piccola ricerca e preparano una presentazione dei loro risultati.

- **Presentazione dei Progetti di Ricerca**: Condivisione dei risultati della ricerca con la classe per ulteriore discussione e valutazione.

Strumenti

- Linee guida per la ricerca.

- Criteri di valutazione per i progetti di ricerca.

Slide 19: Verifica Sommativa

Metodologia

- **Test Scritto**: Domande a risposta breve e saggio per valutare la comprensione degli studenti delle teorie psicopedagogiche discusse, la loro capacità di analizzare criticamente queste teorie e di applicare questi concetti in scenari pratici.

- **Valutazione dei Progetti di Ricerca**: Revisione e valutazione basata su criteri di originalità, comprensione e analisi.

Strumenti

- Test cartaceo o digitale.

- Rubriche di valutazione per i progetti di ricerca.

Slide 20: Valutazione e Autovalutazione

Metodologia

- **Feedback Formale e Informale**: Gli studenti ricevono feedback dettagliato sui loro lavori e prestazioni durante le presentazioni e i dibattiti.

- **Moduli di Autovalutazione**: Gli studenti valutano la propria comprensione delle teorie psicopedagogiche e riflettono su come intendono applicare queste conoscenze in futuro.

Strumenti

- Griglie di valutazione dettagliate per tutte le attività.

- Moduli di autovalutazione online o cartacei.

Slide 21: Verifica Sommativa - Presentazione dei Progetti di Ricerca

Metodologia

- **Presentazioni Finali dei Progetti di Ricerca**: Gli studenti presentano i risultati delle loro ricerche alla classe, illustrando come hanno applicato le teorie psicopedagogiche studiate a contesti educativi specifici.

- **Sessione di Domande e Risposte**: Dopo ogni presentazione, gli studenti rispondono a domande dai compagni e dall'insegnante, dimostrando una comprensione approfondita delle tematiche trattate e delle metodologie di ricerca.

Strumenti

- Software di presentazione come PowerPoint o Prezi per le presentazioni multimediali.

- Criteri di valutazione chiari per assicurare che ogni progetto sia valutato equamente su basi di originalità, rigore scientifico, e chiarezza nella comunicazione.

Slide 22: Valutazione

Metodologia

- **Revisione dei Progetti di Ricerca e degli Esami Scritti**: Gli insegnanti valutano i progetti di ricerca e gli esami scritti utilizzando rubriche di valutazione dettagliate. I criteri includono la comprensione teorica, la profondità di analisi, l'applicazione pratica, e la chiarezza espositiva.

- **Feedback Individualizzato**: Ogni studente riceve un feedback personalizzato sui loro lavori, focalizzato sui punti di forza e aree di miglioramento. Questo feedback è cruciale per guidare gli studenti nel migliorare le loro capacità analitiche e di ricerca.

Strumenti

- Rubriche di valutazione specifiche per test scritti e progetti di ricerca.

- Moduli di feedback dettagliati per fornire commenti costruttivi e personalizzati.

Slide 23: Autovalutazione e Riflessione Finale

Metodologia

- **Moduli di Autovalutazione**: Al termine dell'unità, gli studenti compilano moduli di autovalutazione, riflettendo su ciò che hanno imparato, come hanno applicato il pensiero critico e la ricerca scientifica, e come possono migliorare in futuro.

- **Discussione di Chiusura**: Si tiene una discussione finale in classe dove gli studenti condividono le loro esperienze apprendendo e applicando le teorie psicopedagogiche, discutendo le sfide incontrate e i momenti di intuizione.

Strumenti

- Moduli di autovalutazione predisposti, disponibili in formato digitale o cartaceo.

- Guida per l'insegnante per facilitare una discussione riflessiva e inclusiva, assicurando che ogni studente partecipi e condivida le proprie riflessioni.

Parte V

PSICOLOGIA

9. Psicologia sociale

Slide 1: Introduzione

- Titolo: "I Fondamenti della Psicologia Sociale: Comprendere il Comportamento Umano nel Contesto Sociale".

- Info concorso: Nome del candidato/a; Classe di concorso; Data concorso.

Slide 2: Schema di Progettazione

- Contesto territoriale e della classe.

- Riferimenti normativi.

- Collocazione nella struttura curricolare.

- Competenze chiave europee.

- Nuclei fondanti, obiettivi e competenze.

- Struttura e svolgimento dell'U.D.A.

- Verifica e valutazione.

Slide 3: Contesto

- Territorio: Scuola situata in un'area urbana con diversità culturale.

- Situazione socioeconomica: Media.

- Istituto: Liceo delle Scienze Umane.

- Classe: 3A.

22 studenti; 7 maschi, 15 femmine; nella classe è presente 1 studentessa con Disgrafia e certificata e Disortografia certificata (DSA - Legge 170/2010) con PDP.

Slide 4: Riferimenti Normativi

- Indicazioni nazionali per il curricolo per la scuola secondaria di secondo grado.

- Normativa nazionale in materia di DSA, Legge 170 e BES.

Slide 5: Collocazione nella Struttura Curricolare

- Periodo di svolgimento: primo quadrimestre.

- Argomento precedente: Psicologia generale

- Argomento successivo: Psicologia delle differenze individuali.

- Tempo stimato: 6 ore.

Slide 6: Competenze Chiave e di Cittadinanza

- Sviluppo della capacità di analisi critica del comportamento sociale.

- Promozione della comprensione delle dinamiche di gruppo e delle influenze sociali sul comportamento.

- Stimolazione del pensiero critico attraverso l'analisi di casi reali e teorici.

Slide 7: Nuclei Fondanti della Disciplina

- Concetti chiave della psicologia sociale: conformità, atteggiamenti, comportamento di gruppo.

- Teorie del comportamento sociale: teoria dell'identità sociale, teoria della dissonanza cognitiva, teoria dell'influenza sociale.

Slide 8: Obiettivi Minimi - Competenze Minime

- Comprendere e spiegare i principali concetti e teorie della psicologia sociale.

- Applicare le teorie per analizzare e interpretare comportamenti individuali e collettivi in contesti reali.

- Valutare l'impatto delle influenze sociali sulle decisioni e i comportamenti individuali.

Slide 9: Struttura U.D.A.

- Tempi: 6 ore.

- Obiettivi specifici:

  – Esame approfondito delle principali ricerche e studi di caso in psicologia sociale.

  – Discussioni e dibattiti su applicazioni contemporanee delle teorie psicosociali.

  – Progetti di gruppo per il design di esperimenti o campagne di sensibilizzazione sociale basate su principi psicosociali.

Slide 10: Interdisciplinarità

- **Sociologia:** Connessioni tra psicologia sociale e fenomeni sociologici.

- **Filosofia:** Discussioni etiche sulle implicazioni delle teorie psicosociali.

Slide 11: Trasversalità

- **Educazione civica:** Implicazioni delle teorie psicosociali per la cittadinanza attiva e responsabile.

- **Etica:** Riflessioni sulle implicazioni morali di esperimenti psicosociali.

Slide 12: Metodologie

- Analisi di casi studio per applicare le teorie a situazioni concrete.

- Simulazioni e giochi di ruolo per esplorare dinamiche di gruppo e influenze sociali.

- Utilizzo di tecnologie didattiche per sperimentare con metodi di insegnamento interattivi.

Slide 13: Strumenti e TIC

- LIM e piattaforme online per accesso a risorse e dibattiti.

- Software di simulazione per visualizzare dinamiche di gruppo.

- Risorse digitali per l'accesso a ricerche e articoli pertinenti.

Slide 14: Svolgimento dell'Attività
1ª Lezione (1 ora)

Attività/Metodologia

- **Discussione su Conformità e Influenza Sociale**: Introduzione agli studi classici sulla conformità (es. Esperimento di Asch). Gli studenti discutono le implicazioni di questi studi e riflettono su esperienze personali di conformità.

- **Analisi di Caso**: Esame di casi contemporanei di conformità nei social media.

Strumenti

- Presentazioni slide degli studi classici.

- Clip video o esempi di casi di studio sui social media.

Slide 15: Svolgimento dell'Attività 2ª Lezione (1 ora)

Attività/Metodologia

- **Workshop su Attitudini e Cambiamento di Attitudine**: Gli studenti analizzano come le campagne pubblicitarie influenzano le attitudini e comportamenti.

- **Simulazione**: Creazione di una breve campagna pubblicitaria che utilizza principi di persuasione.

Strumenti

- Materiale pubblicitario reale come esempi.

- Strumenti di creazione digitale per sviluppare materiali di campagna.

Slide 16: Svolgimento dell'Attività 3ª Lezione (1 ora)

Attività/Metodologia

- **Role-playing su Dinamiche di Gruppo e Leadership**: Simulazione di scenari di gruppo per esplorare le teorie del comportamento di gruppo e la leadership.

- **Debriefing**: Discussione su come le dinamiche di gruppo influenzano decisioni individuali e collettive.

Strumenti

- Scenari predefiniti per il role-playing.

- Guide per il debriefing per facilitare la discussione.

Slide 17: Svolgimento dell'Attività 4ª Lezione (1 ora)

Attività/Metodologia

- **Analisi dell'Identità Sociale**: Gli studenti esplorano il concetto di identità sociale e come essa influenzi il comportamento in contesti diversi, come la scuola o il lavoro.

- **Discussione e Presentazione**: Gli studenti presentano esempi di come la loro identità sociale influenzi il loro comportamento quotidiano.

Strumenti

- Articoli di ricerca sull'identità sociale.

- Template di presentazione per gli studenti.

Slide 18: Svolgimento dell'Attività
5ª Lezione (1 ora)

Attività/Metodologia

- **Progetto di Ricerca**: Gli studenti scelgono un argomento di interesse all'interno della psicologia sociale per condurre una piccola ricerca. Questo può includere un sondaggio, un'intervista o l'analisi di dati esistenti.

- **Preparazione e Pianificazione**: Definizione dell'argomento, formulazione delle domande di ricerca e pianificazione della metodologia.

Strumenti

- Accesso a database di ricerca per raccogliere informazioni.

- Software di analisi dei dati.

Slide 19: Verifica Sommativa

Metodologia

- **Presentazione dei Progetti di Ricerca**: Gli studenti presentano i risultati della loro ricerca alla classe, dimostrando la comprensione delle metodologie della psicologia sociale e la capacità di applicarle.

- **Valutazione Peer-to-Peer**: Gli studenti forniscono feedback ai loro compagni basandosi su criteri predeterminati.

Strumenti

- Rubriche di valutazione per le presentazioni.

- Moduli di feedback per la valutazione tra pari.

Slide 20: Valutazione e Autovalutazione

Metodologia

- **Feedback Formale da Parte dell'Insegnante**: Gli studenti ricevono un feedback dettagliato sui loro progetti di ricerca, comprese aree di forza e di miglioramento.

- **Moduli di Autovalutazione**: Gli studenti riflettono sulla loro comprensione del materiale e sull'efficacia con cui hanno applicato le teorie della psicologia sociale.

Strumenti

- Griglie di valutazione dettagliate per i progetti di ricerca.

- Moduli di autovalutazione online o cartacei.

Slide 21: Verifica Sommativa - Presentazione Finale dei Progetti di Ricerca

Metodologia

- **Presentazioni Finali dei Progetti**: Gli studenti presentano i risultati delle loro ricerche alla classe, illustrando le metodologie utilizzate, i dati raccolti e le conclusioni raggiunte. Queste presentazioni forniscono una sintesi della loro comprensione e applicazione delle teorie della psicologia sociale.

- **Sessione di Domande e Risposte**: Dopo ogni presentazione, gli studenti rispondono a domande dai compagni e dall'insegnante per discutere ulteriormente le implicazioni dei loro risultati e le potenziali aree di ulteriore ricerca.

Strumenti

- Software di presentazione come PowerPoint o Prezi.

- Criteri di valutazione chiari per garantire che ogni progetto sia valutato equamente sulla base di originalità, accuratezza analitica, e chiarezza comunicativa.

Slide 22: Valutazione

Metodologia

- **Revisione dei Progetti e dei Testi**: Gli insegnanti valutano i progetti di ricerca e gli esami scritti utilizzando rubriche di valutazione dettagliate. Questa valutazione considera la comprensione teorica, la profondità di analisi, l'applicazione pratica e la chiarezza espositiva.

- **Feedback Individualizzato**: Ogni studente riceve un feedback personalizzato sul proprio lavoro, focalizzato sui punti di forza e

aree di miglioramento. Questo feedback è
essenziale per guidare gli studenti nel migliorare le loro capacità di analisi e applicazione delle teorie psicosociali.

Strumenti

- Rubriche di valutazione specifiche per test
  scritti e progetti di ricerca.

- Moduli di feedback dettagliati per fornire
  commenti costruttivi e personalizzati.

Slide 23: Autovalutazione e Riflessione Finale

Metodologia

- **Moduli di Autovalutazione**: Al termine
  dell'unità, gli studenti compilano moduli di
  autovalutazione, riflettendo su ciò che hanno imparato, come hanno applicato il pensiero critico e le tecniche di ricerca, e come
  possono migliorare in futuro.

- **Discussione di Chiusura**: Si tiene una discussione finale in classe dove gli studenti condividono le loro esperienze nell'apprendere e applicare la psicologia sociale, discutendo le sfide incontrate e i momenti di intuizione.

Strumenti

- Moduli di autovalutazione predisposti, disponibili in formato digitale o cartaceo.

- Guida per l'insegnante per facilitare una discussione riflessiva e inclusiva, assicurando che ogni studente partecipi e condivida le proprie riflessioni.

10. Il comportamentismo

Slide 1: Introduzione

- Titolo: "Il Comportamentismo: Teorie, Applicazioni e Critiche".

- Info concorso: Nome del candidato/a; Classe di concorso; Data concorso.

Slide 2: Schema di Progettazione

- Contesto territoriale e della classe.

- Riferimenti normativi.

- Collocazione nella struttura curricolare.

- Competenze chiave europee.

- Nuclei fondanti, obiettivi e competenze.

- Struttura e svolgimento dell'U.D.A.

- Verifica e valutazione.

Slide 3: Contesto

- Territorio: Ambiente urbano con diversità culturale.

- Situazione socioeconomica: Media.

- Istituto: Liceo delle Scienze Umane.

- Classe: 3B.

17 studenti; 10 maschi, 7 femmine; diversificati in termini di background culturale e capacità di apprendimento. Nella classe sono presenti 2 alunni con Bisogni Educativi Speciali: 1 alunno con Dislessia certificata (DSA - Legge 170/2010) con PDP e 1 alunno con Disortografia certificata (DSA - Legge 170/2010).

Slide 4: Riferimenti Normativi

- Indicazioni nazionali per il curricolo della scuola secondaria di secondo grado.

- Normativa nazionale in materia di DSA, Legge 170 e BES.

Slide 5: Collocazione nella Struttura Curricolare

- Periodo di svolgimento: primo quadrimestre

- Argomento precedente: Psicologia generale

- Argomento successivo: Psicologia cognitiva

- Tempo stimato: 5 ore

Slide 6: Competenze Chiave e di Cittadinanza

- Sviluppo della capacità di analizzare e comprendere le teorie comportamentali.

- Capacità di valutare criticamente l'efficacia e le limitazioni delle pratiche comportamentali.

- Riflessione sulla portata etica delle tecniche comportamentali.

Slide 7: Nuclei Fondanti della Disciplina

- Concetti fondamentali del comportamentismo, come il condizionamento classico e operante.

- Esame delle figure chiave del comportamentismo, come John B. Watson, B.F. Skinner e Ivan Pavlov.

- Discussione sulle implicazioni contemporanee del comportamentismo in vari ambiti, come l'educazione, la terapia e il marketing.

Slide 8: Obiettivi Minimi - Competenze Minime

- Comprendere e descrivere le principali teorie e esperimenti comportamentisti.

- Applicare concetti comportamentisti per analizzare scenari di vita reale.

- Valutare le critiche al comportamentismo e discutere le sue limitazioni etiche.

Slide 9: Struttura U.D.A.

- Tempi: 5 ore.

- Obiettivi specifici:

  – Analisi dettagliata degli esperimenti chiave nel comportamentismo.

  – Discussioni guidate e dibattiti su casi reali dove il comportamentismo trova applicazione.

  – Progetto di gruppo per progettare un esperimento comportamentista o una campagna basata su principi comportamentisti.

Slide 10: Interdisciplinarità

- **Filosofia:** Discussione sulle implicazioni filosofiche del determinismo comportamentista.

- **Biologia:** Esplorazione delle basi biologiche del comportamento.

- **Etica:** Riflessioni etiche sulle manipolazioni comportamentali.

Slide 11: Trasversalità

- **Educazione civica:** Considerazione del ruolo del comportamentismo nelle politiche sociali e educative.

- **Economia:** Analisi dell'uso delle tecniche comportamentiste nel marketing e nella pubblicità.

Slide 12: Metodologie

- Analisi di testi e video per esaminare esperimenti e teorie comportamentiste.

- Simulazioni e role-playing per esplorare le applicazioni del comportamentismo.

- Utilizzo di tecnologie didattiche per modellare comportamenti e analizzare dati.

Slide 13: Strumenti e TIC

- LIM e piattaforme online per accesso a risorse e dibattiti.

- Software di simulazione comportamentale.

- Risorse digitali per l'accesso a ricerche e articoli pertinenti.

Slide 14: Svolgimento dell'Attività 1ª Lezione (1 ora)

Attività/Metodologia

- **Discussione su Condizionamento Classico**: Introduzione al concetto di condizionamento classico attraverso l'esperimento di Ivan Pavlov. Gli studenti esaminano come questo fenomeno si manifesti in situazioni quotidiane.

- **Esercitazioni Pratiche**: Simulazione di esperimenti di condizionamento classico in piccoli gruppi per osservare il processo in tempo reale.

Strumenti

- Materiale video sull'esperimento di Pavlov.

- Kit didattici per simulazione di condizionamento classico.

Slide 15: Svolgimento dell'Attività
2ª Lezione (1 ora)

Attività/Metodologia

- **Analisi del Condizionamento Operante**: Studio approfondito del lavoro di B.F. Skinner e della sua teoria del condizionamento operante, con particolare attenzione alle caselle di Skinner.

- **Discussione di Gruppo**: Riflessione sull'importanza del rinforzo e della punizione nell'apprendimento.

Strumenti

- Estratti dai testi di Skinner.

- Esempi pratici e videoclip di esperimenti di condizionamento operante.

Slide 16: Svolgimento dell'Attività 3ª Lezione (1 ora)

Attività/Metodologia

- **Role-playing su Teorie Comportamentiste**: Attività di role-playing per esplorare l'effetto delle variabili ambientali sul comportamento. Gli studenti assumono ruoli in scenari strutturati per vivere l'impatto del condizionamento.

- **Debriefing**: Discussione collettiva per analizzare le esperienze e collegarle alla teoria comportamentista.

Strumenti

- Scenari di role-playing predefiniti.

- Guide per il debriefing per facilitare la discussione.

Slide 17: Svolgimento dell'Attività 4ª Lezione (1 ora)

Attività/Metodologia

- **Progetto di Gruppo su Interventi Comportamentisti**: Gli studenti progettano un intervento basato su principi comportamentisti per modificare un comportamento specifico in un setting educativo o sociale.

- **Presentazione e Peer Review**: Presentazione dei progetti a classi e raccolta di feedback dai compagni.

Strumenti

- Linee guida per la progettazione di interventi comportamentali.

- Rubriche di peer review.

Slide 18: Svolgimento dell'Attività 5ª Lezione (1 ora)

Attività/Metodologia

- **Discussione Critica su Limitazioni e Critiche al Comportamentismo**: Analisi delle critiche al comportamentismo, inclusa la mancanza di considerazione per i processi cognitivi interni.

- **Attività di Ricerca**: Gli studenti conducono brevi ricerche su alternative al comportamentismo, come la psicologia cognitiva, e presentano i loro risultati.

Strumenti

- Articoli accademici e risorse online per la ricerca.

- Strumenti di presentazione digitale.

Slide 19: Verifica Sommativa

Metodologia

- **Test Scritto**: Domande a risposta breve e saggio su concetti chiave del comportamentismo, evidenziando studi di caso e teorie.

- **Valutazione dei Progetti di Intervento Comportamentale**: Gli studenti sono valutati sulla base dell'originalità, applicabilità e comprensione teorica dei loro progetti.

Strumenti

- Test cartaceo o digitale.

- Rubriche di valutazione per progetti.

Slide 20: Valutazione e Autovalutazione

Metodologia

- **Feedback Formale da Parte dell'Insegnante**: Gli studenti ricevono feedback dettagliato sui loro lavori, compresi i progetti di gruppo e le prestazioni durante l'esame.

- **Moduli di Autovalutazione**: Gli studenti riflettono sulla loro comprensione del comportamentismo e sull'efficacia con cui hanno applicato questi concetti.

Strumenti

- Griglie di valutazione dettagliate per tutte le attività.

- Moduli di autovalutazione online o cartacei.

Slide 21: Verifica Sommativa - Presentazione dei Progetti di Intervento

Metodologia

- **Presentazioni Finali dei Progetti di Intervento**: Gli studenti presentano i risultati dei loro progetti di gruppo, illustrando le metodologie utilizzate, i dati raccolti e le conclusioni raggiunte. Queste presentazioni dimostrano come i principi comportamentisti possono essere applicati per influenzare e modificare comportamenti specifici.

- **Sessione di Domande e Risposte**: Dopo ogni presentazione, gli studenti rispondono a domande dai compagni e dall'insegnante, discutendo ulteriormente le implicazioni e l'efficacia dei loro interventi.

Strumenti

- Software di presentazione come PowerPoint o Prezi.

- Criteri di valutazione chiari per garantire che ogni progetto sia valutato equamente sulla base di originalità, accuratezza analitica e chiarezza nella comunicazione.

Slide 22: Valutazione

Metodologia

- **Revisione dei Progetti e degli Esami Scritti**: Gli insegnanti valutano i progetti di intervento e gli esami scritti utilizzando rubriche di valutazione dettagliate. La valutazione considera la comprensione teorica, la profondità di analisi, l'applicazione pratica e la chiarezza espositiva.

- **Feedback Individualizzato**: Ogni studente riceve un feedback personalizzato sul proprio lavoro, focalizzato sui punti di forza e aree di miglioramento. Questo feedback è essenziale per guidare gli studenti nel migliorare le loro capacità di analisi e applicazione delle teorie comportamentali.

Strumenti

- Rubriche di valutazione specifiche per test scritti e progetti di intervento.

- Moduli di feedback dettagliati per fornire commenti costruttivi e personalizzati.

Slide 23: Autovalutazione e Riflessione Finale

Metodologia

- **Moduli di Autovalutazione**: Al termine dell'unità, gli studenti compilano moduli di autovalutazione, riflettendo su ciò che hanno imparato, come hanno applicato il pensiero critico e le tecniche di ricerca, e come possono migliorare in futuro.

- **Discussione di Chiusura**: Si tiene una discussione finale in classe dove gli studenti condividono le loro esperienze apprendendo e applicando il comportamentismo, discutendo le sfide incontrate e i momenti di intuizione.

Strumenti

- Moduli di autovalutazione predisposti, disponibili in formato digitale o cartaceo.

- Guida per l'insegnante per facilitare una discussione riflessiva e inclusiva, assicurando che ogni studente partecipi e condivida le proprie riflessioni.

APPENDICE

Indicazioni nazionali per il curricolo della scuola secondaria di secondo grado

Filosofia

LINEE GENERALI E COMPETENZE

Al termine del percorso liceale lo studente è consapevole del significato della riflessione filosofica come modalità specifica e fondamentale della ragione umana che, in epoche diverse e in diverse tradizioni culturali, ripropone costantemente la domanda sulla conoscenza, sull'esistenza dell'uomo e sul senso dell'essere e dell'esistere; avrà inoltre acquisito una conoscenza il più possibile organica dei punti nodali dello sviluppo storico del pensiero occidentale, cogliendo di ogni autore o tema trattato sia il legame col contesto storico- culturale, sia la portata potenzialmente universalistica che ogni filosofia possiede.

Grazie alla conoscenza degli autori e dei problemi filosofici fondamentali lo studente ha sviluppato la riflessione personale, il giudizio critico, l'attitudine all'approfondimento e alla discussione razionale, la capacità di argomentare una tesi, anche in forma scritta, riconoscendo la diversità dei metodi con cui la ragione giunge a conoscere il reale.

Lo studio dei diversi autori e la lettura diretta dei loro testi lo avranno messo in grado di orientarsi sui seguenti problemi fondamentali: l'ontologia, l'etica e la questione della felicità, il rapporto della filosofia con le tradizioni religiose, il problema della conoscenza, i problemi logici, il rapporto tra la filosofia e le altre forme del sapere, in particolare la scienza, il senso della bellezza, la libertà e il potere nel pensiero politico, nodo quest'ultimo che si collega allo sviluppo delle competenze relative a Cittadinanza e Costituzione.

Lo studente è in grado di utilizzare il lessico e le categorie specifiche della disciplina, di contestualizzare le questioni filosofiche e i diversi campi conoscitivi, di comprendere le radici concettuali e filosofiche delle principali correnti e dei principali problemi della cultura contemporanea, di individuare i nessi tra la filosofia e le altre discipline.

Il percorso qui delineato potrà essere declinato e ampliato dal docente anche in base alle peculiari caratteristiche dei diversi percorsi liceali, che possono richiedere la focalizzazione di particolari temi o autori.

OBIETTIVI SPECIFICI DI APPRENDI-MENTO

SECONDO BIENNIO

Nel corso del biennio lo studente acquisirà familiarità con la specificità del sapere filosofico, apprendendone il lessico fondamentale, imparando a comprendere e ad esporre in modo organico le idee e i sistemi di pensiero oggetto di studio. Gli autori esaminati e i percorsi didattici svolti dovranno essere rappresentativi delle tappe più significative della ricerca filosofica dalle origini a Hegel in modo da costituire un percorso il più possibile unitario, attorno alle tematiche sopra indicate. A tale scopo ogni autore sarà inserito in un quadro sistematico e ne saranno letti direttamente i testi, anche se solo in parte, in modo da comprenderne volta a volta i problemi e valutarne criticamente le soluzioni.

Nell'ambito della filosofia antica imprescindibile sarà la trattazione di Socrate, Platone e Aristotele. Alla migliore comprensione di questi autori gioverà la conoscenza della indagine dei filosofi presocratici e della sofistica. L'esame degli sviluppi del pensiero in età ellenistico- romana e del neoplatonismo introdurrà il tema dell'incontro tra la filosofia greca e le religioni bibliche.

Tra gli autori rappresentativi della tarda antichità e del medioevo, saranno proposti necessariamente Agostino d'Ippona, inquadrato nel contesto della riflessione patristica, e Tommaso d'Aquino, alla cui maggior comprensione sarà utile la conoscenza dello sviluppo della filosofia Scolastica dalle sue origini fino alla svolta impressa dalla "riscoperta" di Aristotele e alla sua crisi nel XIV secolo.

Riguardo alla filosofia moderna, temi e autori imprescindibili saranno: la rivoluzione scientifica e Galilei; il problema del metodo e della conoscenza, con riferimento almeno a Cartesio, all'empirismo di Hume e, in modo particolare, a Kant; il pensiero politico moderno, con riferimento almeno a un autore tra Hobbes, Locke e Rousseau; l'idealismo tedesco con particolare riferimento a Hegel. Per sviluppare questi argomenti sarà opportuno inquadrare adeguatamente gli orizzonti culturali aperti da movimenti come l'Umanesimo-Rinascimento, l'Illuminismo e il Romanticismo, esaminando il contributo di altri autori (come Bacone, Pascal, Vico, Diderot, con particolare attenzione nei confronti di grandi esponenti della tradizione metafisica, etica e logica moderna come Spinoza e Leibniz) e allargare la riflessione ad altre tematiche (ad esempio gli sviluppi della logica e della riflessione scientifica, i nuovi statuti filosofici della psicologia, della biologia, della fisica e della filosofia della storia)

QUINTO ANNO

L'ultimo anno è dedicato principalmente alla filosofia contemporanea, dalle filosofie posthegeliane fino ai giorni nostri. Nell'ambito del pensiero ottocentesco sarà imprescindibile lo studio di Schopenhauer, Kierkegaard, Marx, inquadrati nel contesto delle reazioni all'hegelismo, e di Nietzsche. Il quadro culturale dell'epoca dovrà essere completato con l'esame del Positivismo e delle varie reazioni e discussioni che esso suscita, nonché dei più significativi sviluppi delle scienze e delle teorie della conoscenza.

Il percorso continuerà poi con almeno quattro autori o problemi della filosofia del Novecento, indicativi di ambiti concettuali diversi scelti tra i seguenti: a) Husserl e la fenomenologia; b) Freud e la psicanalisi; c) Heidegger e l'esistenzialismo; d) il neoidealismo italiano e) Wittgenstein e la filosofia analitica; f) vitalismo e pragmatismo; g) la filosofia d'ispirazione cristiana e la nuova teologia; h) interpretazioni e sviluppi del marxismo, in particolare di quello italiano; i) temi e problemi di filosofia politica; l) gli sviluppi della riflessione epistemologica; i) la filosofia del linguaggio; l) l'ermeneutica filosofica.

Scienze Umane

LINEE GENERALI E COMPETENZE

Al termine del percorso liceale lo studente si orienta con i linguaggi propri delle scienze umane nelle molteplici dimensioni attraverso le quali l'uomo si costituisce in quanto persona e come soggetto di reciprocità e di relazioni: l'esperienza di sé e dell'altro, le relazioni interpersonali, le relazioni educative, le forme di vita sociale e di cura per il bene comune, le forme istituzionali in ambito socio-educativo, le relazioni con il mondo delle idealità e dei valori. L'insegnamento pluridisciplinare delle scienze umane, da prevedere in stretto contatto con la filosofia, la storia, la letteratura, mette lo studente in grado di:

1) padroneggiare le principali tipologie educative, relazionali e sociali proprie della cultura occidentale e il ruolo da esse svolto nella costruzione della civiltà europea;

2) acquisire le competenze necessarie per comprendere le dinamiche proprie della realtà sociale, con particolare attenzione ai fenomeni educativi e ai processi formativi formali e non, ai servizi alla persona, al mondo del lavoro, ai fenomeni interculturali e ai contesti della convivenza e della costruzione della cittadinanza;

3) sviluppare una adeguata consapevolezza culturale rispetto alle dinamiche degli affetti.

Antropologia

SECONDO BIENNIO E QUINTO ANNO

Lo studente acquisisce le nozioni fondamentali relative al significato che la cultura riveste per l'uomo, comprende le diversità culturali e le ragioni che le hanno determinate anche in collegamento con il loro disporsi nello spazio geografico.

In particolare saranno affrontate in correlazione con gli studi storici e le altre scienze umane: a) le diverse teorie antropologiche e i diversi modi di intendere il concetto di cultura ad esse sottese; b) le diverse culture e le loro poliedricità e specificità riguardo all'adattamento all'ambiente, alle modalità di conoscenza, all'immagine di sé e degli altri, alle forme di famiglia e di parentela, alla dimensione religiosa e rituale, all'organizzazione dell'economia e della vita politica;

c) le grandi culture-religioni mondiali e la particolare razionalizzazione del mondo che ciascuna di esse produce;

d) i metodi di ricerca in campo antropologico.

È prevista la lettura di un classico degli studi antropologici eventualmente anche in forma antologizzata.

Pedagogia

PRIMO BIENNIO

Lo studente comprende, in correlazione con lo studio della storia, lo stretto rapporto tra l'evoluzione delle forme storiche della civiltà e i modelli educativi, familiari, scolastici e sociali, messi in atto tra l'età antica e il Medioevo. Scopo dell'insegnamento è soprattutto quello di rappresentare i luoghi e le relazioni attraverso le quali nelle età antiche si è compiuto l'evento educativo.

In particolare saranno affrontati i seguenti contenuti:

a) il sorgere delle civiltà della scrittura e l'educazione nelle società del mondo antico (Egitto, Grecia, Israele);

b) la paideia greco-ellenistica contestualizzata nella vita sociale, politica e militare del tempo con la presentazione delle relative tipologie delle pratiche educative e organizzative;

c) l'humanitas romana, il ruolo educativo della famiglia, le scuole a Roma, la formazione dell'oratore;

d) l'educazione cristiana dei primi secoli;

e) l'educazione e la vita monastica;

f) l'educazione aristocratica e cavalleresca.

La presentazione delle varie tematiche sarà principalmente svolta attraverso l'analisi di documenti, testimonianze e opere relative a ciascun periodo, con particolare riferimento ai poemi omerici e alla Bibbia, a Platone, Isocrate, Aristotele, Cicerone, Quintiliano, Seneca, Agostino, Benedetto da Norcia.

SECONDO BIENNIO

A partire dai grandi movimenti da cui prende origine la civiltà europea – la civiltà monastica, gli ordini religiosi, le città e la civiltà comunale – lo studente accosta in modo più puntuale il sapere pedagogico come sapere specifico dell'educazione, comprende le ragioni del manifestarsi dopo il XV-XVI secolo di diversi modelli educativi e dei loro rapporti con la politica, la vita economica e quella religiosa, del rafforzarsi del diritto all'educazione anche da parte dei ceti popolari, della graduale scoperta della specificità dell'età infantile ed infine del consolidarsi tra Sette e Ottocento della scolarizzazione come aspetto specifico della modernità.

In particolare verranno affrontati i seguenti contenuti:

a) la rinascita intorno al Mille: gli ordini religiosi, la civiltà comunale, le corporazioni, la cultura teologica;

b) la nascita dell'Università;

c) l'ideale educativo umanistico e il sorgere del modello scolastico collegiale;

d) l'educazione nell'epoca della Controriforma;

e) l'educazione dell'uomo borghese e la nascita della scuola popolare;

f) l'Illuminismo e il diritto all'istruzione;

g) la valorizzazione dell'infanzia in quanto età specifica dell'uomo;

h) educazione, pedagogia e scuola nel primo Ottocento italiano;

i) pedagogia, scuola e società nel positivismo europeo ed italiano.

La presentazione delle varie tematiche sarà principalmente svolta attraverso l'analisi di documenti, testimonianze e opere relative a ciascun periodo, con particolare riferimento a Tommaso d'Aquino, Erasmo, Vittorino da Feltre, Silvio Antoniano, Calasanzio, Comenio, Locke, Rousseau, Pestalozzi, Fröbel, Aporti, Rosmini, Durkheim, Gabelli.

QUINTO ANNO

A partire dalla lettura delle riflessioni e proposte di autori particolarmente significativi del Novecento pedagogico lo studente accosta la cultura pedagogica moderna in stretta connessione con le altre scienze umane per riconoscere in un'ottica multidisciplinare i principali temi del confronto educativo contemporaneo. Sono punti di riferimento essenziali: Claparède, Dewey, Gentile, Montessori, Freinet, Maritain; è prevista la lettura di almeno un'opera in forma integrale di uno di questi autori.

Inoltre durante il quinto anno sono presi in esame i seguenti temi:

a) le connessioni tra il sistema scolastico italiano e le politiche dell'istruzione a livello europeo (compresa la prospettiva della formazione continua) con una ricognizione dei più importanti documenti internazionali sull'educazione e la formazione e sui diritti dei minori;

b) la questione della formazione alla cittadinanza e dell'educazione ai diritti umani;

c) l'educazione e la formazione in età adulta e i servizi di cura alla persona;

d) i media, le tecnologie e l'educazione;

e) l'educazione in prospettiva multiculturale;

f) l'integrazione dei disabili e la didattica inclusiva.

Scegliendo fra questi temi gli studenti compiono una semplice ricerca empirica utilizzando gli strumenti principali della metodologia della ricerca anche in prospettiva multidisciplinare con psicologia, antropologia e sociologia.

Psicologia

PRIMO BIENNIO

Lo studente comprende la specificità della psicologia come disciplina scientifica e conosce gli aspetti principali del funzionamento mentale, sia nelle sue caratteristiche di base, sia nelle sue dimensioni evolutive e sociali. Lo studente coglie la differenza tra la psicologia scientifica e quella del senso comune, sottolineando le esigenze di verificabilità empirica e di sistematicità teorica cui la prima cerca di adeguarsi.

In particolare durante il primo biennio si prenderanno in esame:

a) i diversi aspetti della relazione educativa dal punto di vista teorico (almeno le teorie di derivazione psicoanalitica, umanistica e sistemica), con gli aspetti correlati (comunicazione verbale e non verbale, ruoli e funzioni di insegnanti e allievi, emozioni e sentimenti e relazione educativa, immagini reciproche, contesti educativi e relazione insegnante-allievo);

b) concetti e teorie relative all'apprendimento (comportamentismo, cognitivismo, costruttivismo, socio-costruttivismo, intelligenza, linguaggio e differenze individuali e apprendimento, stili di pensiero e apprendimento, motivazione e apprendimento);

c) un modulo particolare andrà dedicato al tema del metodo di studio, sia dal punto di vista teorico (metacognizione: strategie di studio, immagine e convinzioni riguardo alle discipline, immagine di sé e metodo di studio, emozioni e metodo di studio, ambienti di apprendimento e metodo di studio) che dal punto di vista dell'esperienza dello studente.

SECONDO BIENNIO

Sono affrontati in maniera più sistematica:

a) i principali metodi di indagine della psicologia, i tipi di dati (osservativi, introspettivi ecc..), insieme alle relative procedure di acquisizione (test, intervista, colloquio ecc.);

b) le principali teorie sullo sviluppo cognitivo, emotivo e sociale lungo l'intero arco della vita e inserito nei contesti relazionali in cui il soggetto nasce e cresce (famiglia, gruppi, comunità sociale).

Vengono anche presentate alcune ricerche classiche e compiute esercitazioni pratiche per esemplificare, attraverso una didattica attiva, nozioni e concetti. A tal fine è prevista la lettura di testi originali, anche antologizzati, di autori significativi quali Allport, Bruner, Erickson, Freud, Lewin, Piaget e Vygotskij.

Sociologia

SECONDO BIENNIO

In correlazione con gli studi storici e le altre scienze umane lo studente affronta i seguenti contenuti: a) il contesto storico-culturale nel quale nasce la sociologia: la rivoluzione industriale e quella scientifico-tecnologica;

b) le diverse teorie sociologiche e i diversi modi di intendere individuo e società ad esse sottesi.

Teorie e temi possono essere illustrati attraverso la lettura di pagine significative tratte dalle opere dei principali classici della sociologia quali Compte, Marx, Durkheim, Weber, Pareto, Parsons.

È prevista la lettura di un classico del pensiero sociologico eventualmente anche in forma antologizzata.

QUINTO ANNO

Durante il quinto anno sono affrontati in maniera sistematica:

a) alcuni problemi/concetti fondamentali della sociologia: l'istituzione, la socializzazione, la devianza, la mobilità sociale, la comunicazione e i mezzi di comunicazione di massa, la secolarizzazione, la critica della società di massa, la società totalitaria, la società democratica, i processi di globalizzazione;

b) il contesto socio-culturale in cui nasce e si sviluppa il modello occidentale di welfare state;

c) gli elementi essenziali dell'indagine sociologica "sul campo", con particolare riferimento all'applicazione della sociologia all'ambito delle politiche di cura e di servizio alla persona: le politiche della salute, quelle per la famiglia e l'istruzione nonché l'attenzione ai disabili specialmente in ambito scolastico.

Per ciascuno di questi temi è prevista la lettura di pagine significative tratte da autori classici e contemporanei.

Riferimenti normativi

- Legge 104/92.

- D. M. n. 139 del 22 agosto 2007 competenze chiave per la cittadinanza.

- Indicazioni nazionali per il curricolo della scuola secondaria di secondo grado: d. P.R. 15 marzo 2010, n. 89/ 88/ 87.

- DSA: Legge 170/2010.

- Ord. Min. 5669/2011.

- BES: Direttiva ministeriale del 27 dicembre 2012.

- L. 107/2015: Legge Buona scuola.

- D. lgs. 66/2017 recante l'aggiornamento sull'inclusione scolastica.

- D. lgs. 62/2017 recante la Valutazione degli alunni DSA e BES.

- Raccomandazione del Consiglio d'Europa del 22 maggio 2018 recante le Competenze chiave europee per l'apprendimento permanente.

- Agenda Europea 2030.